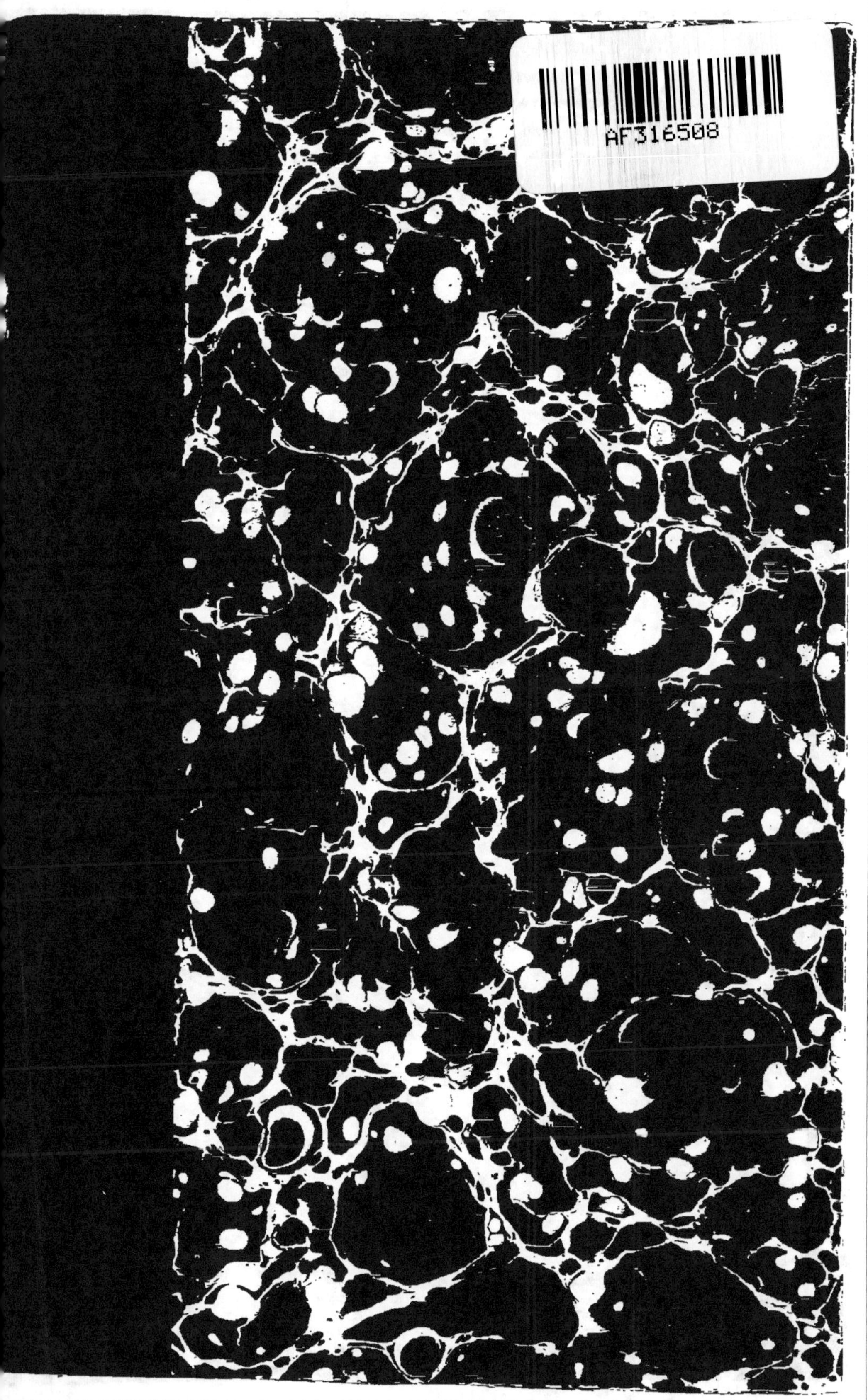
AF316508

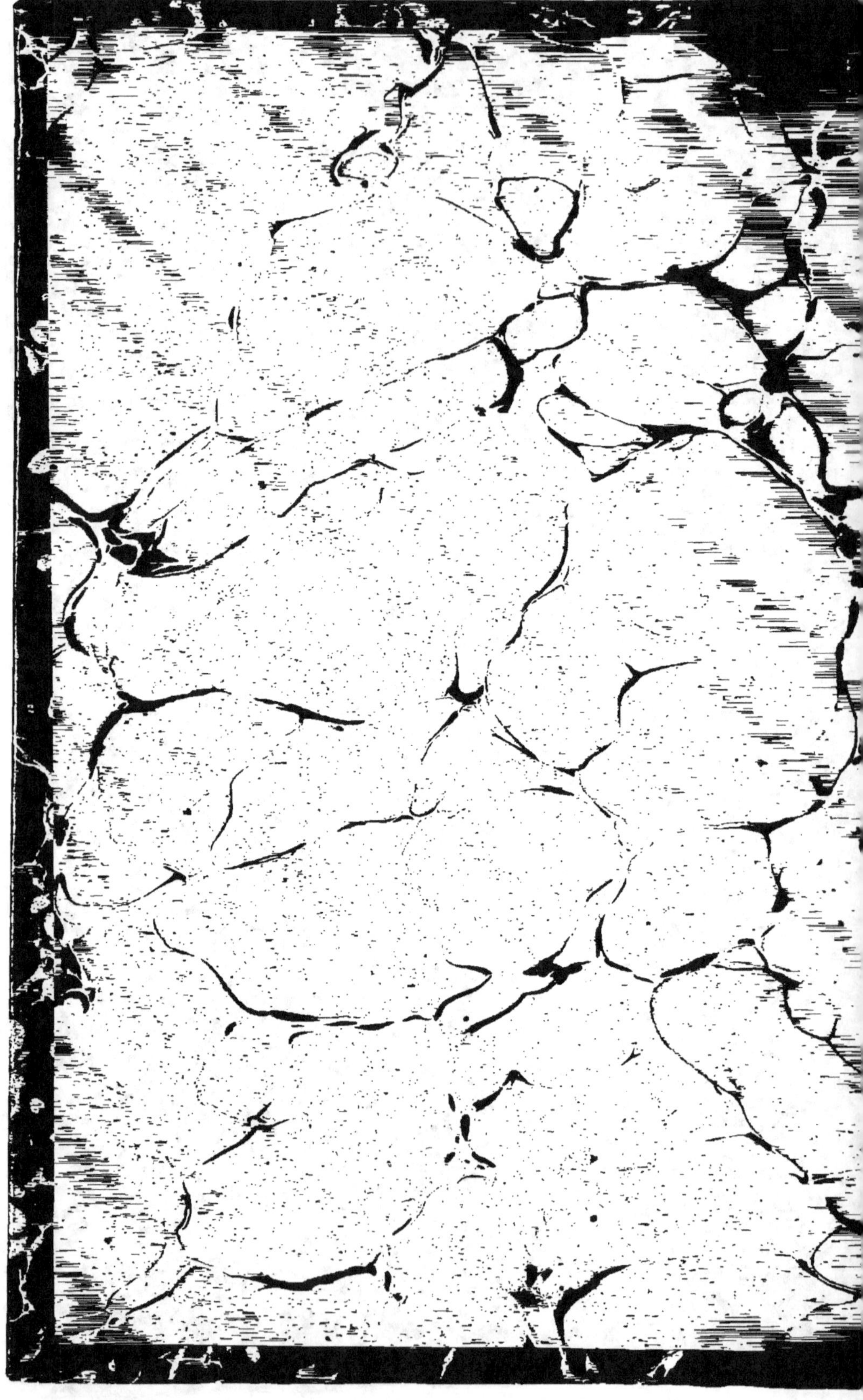

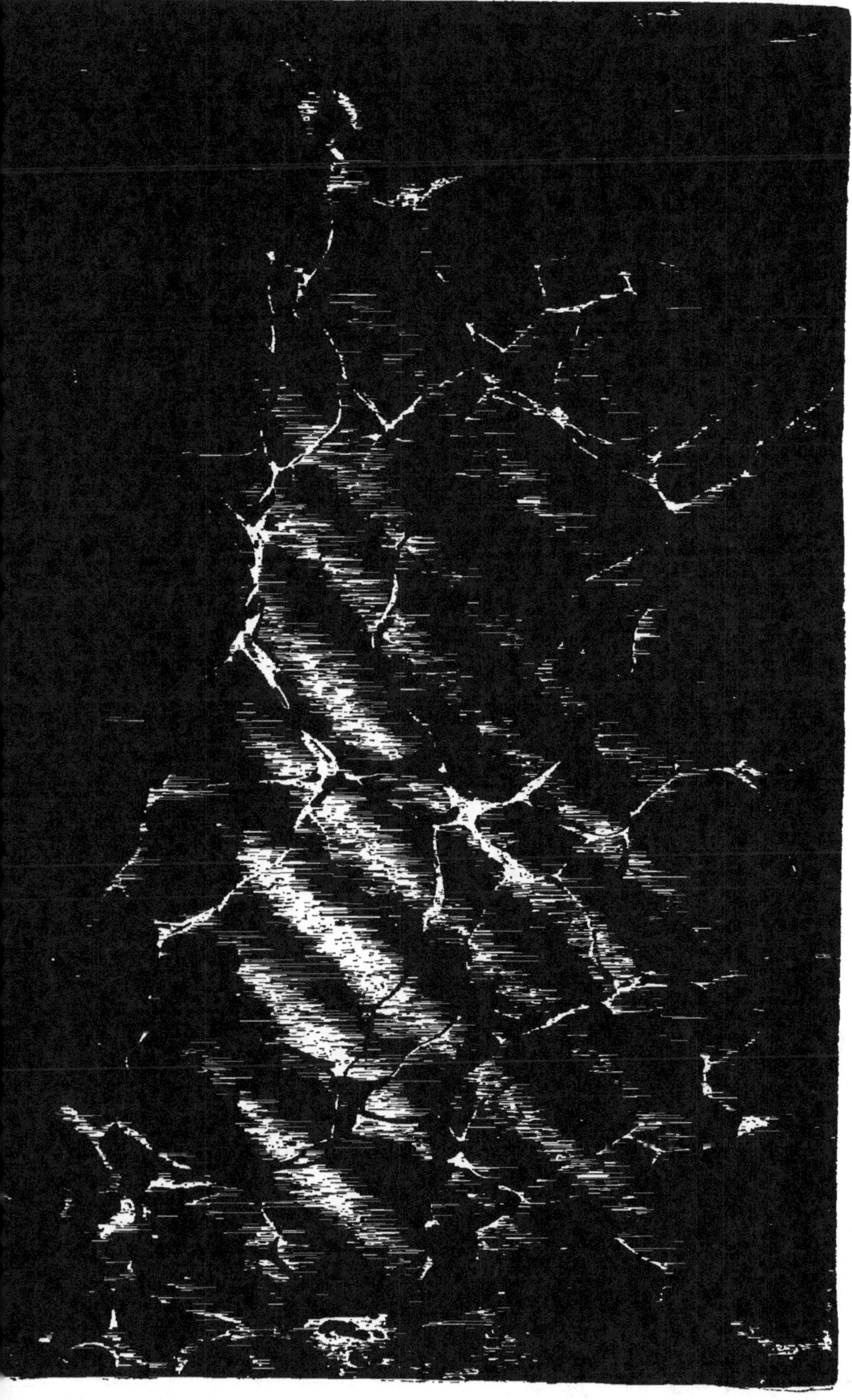

À Mlle Page

Souvenir de

Victor Koning

LES

COULISSES

PARISIENNES

DU MÊME AUTEUR

EN COLLABORATION DE

MM. HENRY DE KOCK, ERNEST BLUM ET ED. MONTAGNE

Dans une Boutique, vaudeville en un acte.

Un Monsieur tombé des Nues, vaudeville en un acte.

Prise au Piége, comédie en un acte.

Une Niche de l'Amour, comédie-vaudeville en un acte.

EN PRÉPARATION

LES DAMES DE CŒUR

ROMAN

VICTOR KONING

LES

COULISSES

PARISIENNES

PRÉFACE

PAR

M. ALBÉRIC SECOND

PARIS

E. DENTU, ÉDITEUR

LIBRAIRE DE LA SOCIÉTÉ DES GENS DE LETTRES

GALERIE D'ORLÉANS, 17 ET 19, PALAIS-ROYAL

1864

HOMMAGE

A MESSIEURS

AD. D'ENNERY et VICTOR SÉJOUR

MES DEUX PARRAINS

DEVANT

LA SOCIÉTÉ DES AUTEURS DRAMATIQUES

PRÉFACE

J'ai écrit, un jour, dans un accès de franchise :

« La plus dure punition qu'il soit possible d'infliger aux rédacteurs des petits journaux, c'est de les condamner à relire leurs articles à vingt-cinq ans de distance. »

Ce jour-là, le hasard avait mis sous mes yeux la collection d'une feuille satirique où je fis mes premières armes et mes premières dents.

Bonté divine ! quelle boucherie !

Les pairs de France, les députés, les ténors, les médecins, les chanteuses et les financiers, les romanciers en vogue et les auteurs dramatiques en renom, les pianistes et les avocats, les ministres et les danseuses, le monde et le demi-monde, les femmes de lettres et les académiciens, — les académiciens surtout, — la société, que je ne connaissais guère, et l'humanité, que je ne connaissais pas ; toutes et tous étaient traînés aux gémonies.

Une deuxième édition, considérablement augmentée, du *Massacre des Innocents !*

J'interrompis brusquement ma lecture; je tombai dans une mélancolie noire et je pensai en moi-même :

— Eh! quoi! Est-ce possible? Est-ce bien moi qui ai écrit toutes ces choses injustes et désobligeantes sur le compte de Valère, que j'estime tant aujourd'hui; d'Adraste, que j'ai appris à aimer; de Lycidas, dont le talent est universellement acclamé; de Dorante, que je tutoie; d'Alceste, que j'ai assisté dans son duel; de Philinte, qui m'a choisi pour être le parrain de son gros garçon; de Damis, mon gai compagnon de voyage; d'Araminte, dont je me plais à faire danser la petite fille sur mes genoux, et de Cydalise, qui depuis.....

Mais alors, j'égarais l'opinion publique, en insinuant qu'elle n'avait ni mollets, ni talent, ni beauté.

Effrayé par ce mirage du passé, je songeai tout d'abord à fuir les regards de mes semblables et à ensevelir mes remords dans un couvent de trappistes; mais une subite réflexion m'arrêta sur le chemin de la Chartreuse projetée.

Je me souvins qu'avant d'avoir publié les beaux livres qui ont illustré son nom; — avant de faire tous les lundis, avec tant d'éclat et d'autorité, un cours de littérature dramatique; — avant d'avoir conquis un fauteuil à l'Académie; — avant d'être devenu un des maîtres du théâtre moderne; — avant que la rosette rouge brillât à sa boutonnière; — avant de remplir dignement les fonctions éminentes qu'il occupe à présent, Lycidas, Valère, Alceste, Adraste, Philinte, Dorante et les autres, commencèrent, eux aussi, par distribuer à leurs contemporains et à leurs aînés, des étrivières de tout point semblables à celles que je leur avais distribuées à eux-mêmes.

Voilà pourquoi je suis resté à Paris, et voilà comment je me trouve amené à écrire ces quelques lignes en tête du volume tapageur que publie M. Victor Koning.

Dans vingt-cinq ans d'ici, l'auteur des *Coulisses Parisiennes* aura juste l'âge que j'ai aujourd'hui.

Si je suis encore de ce monde en 1889, — ce qui est douteux, — je prends l'engagement d'aller le trouver un matin. Je lui demanderai à déjeuner, et, au dessert, je sortirai un volume caché dans la poche de ma douillette de soie puce.

— Écoutez-moi quelques instants, lui dirai-je d'une voix chevrotante; j'ai une lecture à vous faire.

J'ouvrirai le volume au hasard, et je parie qu'à la deuxième page, il me priera de ne pas continuer.

Savez-vous pourquoi?

Parce que ce sera sa propre prose que je lui lirai, sans l'avoir averti d'avance.

— Eh! quoi! s'écriera-t-il à son tour, ce diable de livre existe encore? Comment! j'ai osé écrire tout cela? Mais la ville doit être peuplée des ennemis que je me suis faits au temps de ma folle jeunesse..... Où me réfugier? Où fuir? Conseillez-moi.

Qui sait? Peut-être même parlera-t-il, lui aussi, de s'enterrer tout vivant à la Trappe ou à la Grande-Chartreuse.

— Restez, lui dirai-je; ceux que vous croyez avoir occis, se portent à merveille; ceux que vos épigrammes piquèrent jadis, ne songent plus à leurs piqûres. On vous a remis vos péchés de jeunesse.

Mais, attendu qu'il n'est pas du tout certain que je puisse lui tenir ce langage paternel au mois de février 1889, il est préférable que je lui dise ceci brutalement, sans plus tarder :

— Le plus sûr moyen de vous faire pardonner vos témérités spirituelles d'aujourd'hui, mon ami, c'est de ne pas les recommencer demain. Mettez-vous à la besogne et travaillez sérieusement à une œuvre sérieuse; vous avez toutes les qualités nécessaires.

ALBÉRIC SECOND.

LES

COULISSES PARISIENNES

I

1862. — Opinion de Théophile Gautier sur la préface. — *Les Amours de théâtre*, d'Aurélien Scholl. — Les Actrices de Paris. — *Les Parisiens* à l'Odéon. — M. Montigny et Mlle Juliette Beau. — Une prédiction de Mlle Déjazet. — Le chemin de fer de la célébrité. — Un coupé-lit. — Virginie Déjazet et le clerc de notaire. — *Les Chants de Béranger*. — Les souvenirs du peuple. — *Le Beau Narcisse*. — Le comique Dupuis, MM. Dumanoir et d'Ennery. — *Valentine Darmentière*. — Mlle Duverger. — Alfred de Musset et Henry Murger. — Mimi Pinson et Musette. — *La Vie de Bohème*. — Tout par l'amour et pour l'amour. — Mimi et Jane Essler. — *La Fille du Paysan*. — M. Harmant. — M. d'Ennery. — M. Berton. — Le feuilleton de M. Paul de Saint-Victor et Mlle Lia Félix. — Le drame historique. — Qu'on nous ramène en l'an 1600 ! — Ruy-Blas et d'Artagnan. — *La Bouquetière des Innocents*. — Encore Mlle Jane Essler. — Mme Marie Laurent. — A propos de la claque. — Un joli mot de M. Nestor Roqueplan.

Au commencement des *Contes humoristiques*, une délicieuse et spirituelle fantaisie de jeunesse, Théophile Gautier écrivait avec cette passion et ce style que lui seul possède :

« La préface, c'est la pudeur du livre, c'est sa rougeur, ce sont les demi-aveux, les soupirs étouffés, les coquettes agaceries, c'est tout le charme; c'est la jeune fille qui reste longtemps à dénouer sa ceinture et à délacer son corset avant d'entrer au lit où son amoureux l'attend.

« Quel est le stupide, quel est l'homme assez peu voluptueux pour lui dire : Dépêche-toi ! »

J'aurais bien voulu faire ma petite préface aussi ; mais j'ai eu honte de ma prétention, j'ai eu peur de moi-même… et surtout des autres.

Alors j'ai copié mon entrée sur celle de don César de Bazan, au quatrième acte de *Ruy-Blas :*

> Pardon ! ne faites pas attention, je passe ;
> Vous parliez entre vous. Continuez, de grâce.

Et je commence… par continuer.

A propos des *Amours de théâtre*, le nouveau roman que M. Aurélien Scholl publie dans le *Figaro*, plusieurs personnes nous ont fait demander si nous connaissions les noms des deux principaux personnages de cette histoire.

Nous répondons bien vite :

Ce roman n'est autre chose que les *aventures romanesques* d'un très-spirituel journaliste avec une *Dame aux Camellias*.

Deux lettres, l'une adressée à l'auteur lui-même ;

l'autre écrite à un La Môle, dont cette *Dame aux Camellias* était devenue *la Reine Margot* serviront sans doute au dénouement.

Nous pourrions donner connaissance du contenu de ces deux lettres, mais nous ne voulons pas abuser d'une confidence pour empiéter sur l'étude intéressante de M. Aurélien Scholl.

On annonce — mais nous n'y croyons pas, — un livre intitulé :

Maria-Félix.

Émilie Guyon.

Suzanne Lagier.

Augustine Brohan.

Mabel.

Thuillier.

Ramelli.

Irène Figeac.

Céline Montaland.

Nessler.

Stolz.

Déjazet.

Eugénie Doche.

Philippe.

Adèle Page.

Rousseil.

Isabelle Constant.

Sax.

1.

La reprise des *Parisiens* a été pour M. Théodore Barrière un grand succès de pièce et d'argent.

L'Odéon est aujourd'hui un théâtre acclimaté — on peut s'y rendre sans passe-port.

Où est le temps où MM. de Calonne, Marc-Fournier et Fiorentino allaient en poste à la première représentation d'*Agnès de Méranie?*

Après avoir été en pourparlers avec mademoiselle Juliette Beau, M. Montigny a fini par signer un engagement de trois ans à mademoiselle Léonie Leblanc.

Il y a de cela bientôt trois ans, mademoiselle Déjazet jouait en représentation *les Premières armes de Richelieu* au théâtre de Belleville.

Mademoiselle Léonie Leblanc, qui avait alors quinze ans, jouait la Fiancée du petit Duc.

A la fin du spectacle, mademoiselle Leblanc vint dans la loge de la grande artiste, et lui remit au nom de tous ses camarades, un bouquet si gros, qu'elle avait peine à le porter; si joli, si joli, que l'on ne savait plus s'il fallait admirer la jeune fille ou le bouquet.

Quand mademoiselle Leblanc fut sortie, Déjazet dit aux personnes qui étaient dans sa loge :

— Voilà une petite qui a tout ce qu'il faut pour monter dans l'équipage qui conduit à la célébrité.

Virginie Déjazet s'est trompée. Mademoiselle Léonie Leblanc a pris le chemin de fer.

Et un *coupé-lit*, encore !

Un jeune homme, clerc de notaire, qui est aujour-d'hui un homme très-grave — pourquoi pas! — se trouvait un soir à l'extrémité de la rue de Valois, où il fut pris par une de ces affreuses pluies d'orage qui font un déluge dans les rues.

Notre clerc était cependant muni d'un parapluie, mais un de ces parapluies débiles, diaphanes qui n'ont que le souffle et que l'on craint d'exposer à la pluie et au vent.

L'orage s'étant un peu calmé, le jeune clerc s'ap-prêtait à reprendre sa course, lorsqu'une dame, la figure couverte d'un voile très-épais, qui s'était réfu-giée comme lui sous la porte cochère, s'approcha et lui demanda de vouloir bien l'accompagner jusqu'au Palais-Royal.

Le clerc de notaire s'empressa de déployer son soupçon de parapluie sur la tête de la dame; il la con-duit à l'entrée du théâtre du Palais-Royal, et échange avec elle quelques paroles chemin faisant.

L'inconnue arrivée à sa destination, relève son voile, et lui dit avec un délicieux sourire :

— Je vous remercie, monsieur, de votre gracieuse obligeance... Je suis mademoiselle Déjazet...

Le nom de Déjazet prononcé par elle-même et son-nant tout d'un coup aux oreilles d'un clerc de notaire, c'était absolument comme le son d'une voix de déesse, l'écho d'une fée qui serait descendue d'un nuage, tout exprès pour fasciner un pauvre mortel.

C'était le paradis sur la terre.

— Mademoiselle... mademoiselle, balbutia le jeune homme, ne pourrais-je pas... si j'osais...

— Quoi? dit la ravissante actrice toujours avec ce sourire particulier à ses grands yeux bleus.

— Vous revoir...

— Pourquoi pas?... Vous me trouverez tous les jours chez moi, de midi à deux heures.

Qu'est-il résulté de cela? demandent les profanes et les curieux.

La suite de l'aventure?

Que vous importe!

Ce qu'il faut connaître, c'est le trait d'abandon, c'est la fantaisie toute gracieuse de l'actrice à la mode, vis-à-vis d'un pauvre garçon qui venait de lui rendre un bien léger service.

. . . .

Une actrice, aujourd'hui, vous dirait en pareil cas :

— Venir me voir? J'ai si peu de temps à moi, ma santé, mon amant, mes répétitions, mon petit épagneul, etc., etc.

Puisque nous parlons de mademoiselle Déjazet, disons qu'elle vient de faire sa rentrée, et que, comme toujours, elle a été accueillie par des bravos et des fleurs.

Les Chants de Béranger n'ont pas dû coûter beaucoup de frais d'imagination aux auteurs de *la Corde sensible.*

Clairville a dû les écrire en songeant à une scène de revue pour les Variétés, pendant que Lambert Thiboust, à travers la fumée de son cigare, faisait des rêves dignes d'un fumeur d'opium ; — le seul mérite de la pièce, c'est d'avoir placé dans la bouche de Déjazet les airs et les couplets les plus connus de notre poëte national.

Béranger et Déjazet, voilà les vrais *Souvenirs du Peuple*.

On a tant et tant fait de compliments à mademoiselle Déjazet, que les éloges les plus grands et les plus sincères ressemblent aujourd'hui à des banalités.

Dans *les Chants de Béranger*, mademoiselle Déjazet, joue, rit ou pleure avec ce talent qui en a fait l'une des plus illustres artistes de notre époque. Il faut voir et entendre avec quelle gaieté, quelle verve, quel entrain, elle vante le cabaret de *Madame Grégoire*, et quel gracieux sourire lorsqu'elle dit de *Frétillon* :

> Deux fois elle eut équipage,
> Dentelles et diamants,
> Et deux fois mit tout en gage
> Pour quelques fripons d'amants.
> Ma Frétillon,
> Cette fille
> Qui frétille,
> N'a pourtant qu'un cotillon.

Aux Variétés, en collaboration avec l'auteur de

la Fille terrible, M. Théodore Cogniard vient de donner sous ce titre : *le Beau Narcisse*, une pièce très-bien faite pour Dupuis et très-amusante pour le public.

Ménandre a dit : « La femme est le plus charmant fléau des hommes. » A ce compte-là, Narcisse, un chasseur de grande maison et Belge de Bruxelles, comme il le dit lui-même, est l'homme le plus à plaindre de la création.

Savez-vous (style belge) que ce Narcisse est un gaillard qui aime comme Lauzun, qui est aimé comme Lovelace, et qui a autant de maîtresses que Don Juan ?

Narcisse-Dupuis est donc chasseur d'une excellente maison, dans laquelle mademoiselle Caroline-Bader est femme de chambre, et mademoiselle Ulric-Lejars cuisinière.

Voilà, sans contredit, deux femmes qui sont charmantes. Eh bien ! je vous jure qu'elles sont folles toutes les deux de ce grand dadais de Dupuis, et la preuve, la voici : mademoiselle Ulric-Lejars lui donne les meilleurs plats de sa cuisine, et mademoiselle Bader est pour lui une femme de chambre auprès de qui la Mariette de Théophile Gautier n'est qu'un gâche-métier.

Ainsi soigné, nourri et engraissé par la première ; lavé, nettoyé et parfumé par la seconde ; Dupuis est devenu si grand, si gras, si beau, qu'habillé en mous-

quetaire et vivant de son temps, il eût bien certainement été admis à l'honneur de délacer le corsage de
Sophie Arnould.

Un jour, mademoiselle Lejars dit à Dupuis :

— J'ai 7,000 fr. d'économies ; voulez-vous de moi
pour femme ?

— Je le crois bien, répond notre coquin.

Mais voilà que la séduisante Bader lui dit :

— J'en ai 8,500, moi !

Dupuis fait volte-face, et il retire aussitôt sa main à
mademoiselle Lejars pour l'accorder à mademoiselle
Caroline Bader.

Vous pensez bien que mademoiselle Lejars est furieuse, n'est-ce pas ? Elle court chez sa maîtresse en
lui criant :

— Dupuis et mademoiselle Bader sont deux affreuses canailles, et si vous les gardez chez vous, eh bien !
je m'en irai, moi.

— Allez-vous en, lui dit la maîtresse (encore une
qui adore le chasseur, mais qui change bientôt d'avis
lorsqu'elle apprend que Dupuis va épouser mademoiselle Bader).

Alors, elle devient furieuse, elle crie, elle veut le
chasser, et sa colère finit comme finissent toutes les
colères des femmes : par un torrent de larmes.

Pour soulager un peu son cœur, elle écrit ses pen-
sées à un sien cousin, et fait porter la lettre par mademoiselle Caroline Bader. Celle-ci n'ayant rien à refu-

ser à Dupuis, lui laisse décacheter la missive en question, et il apprend ainsi que s'il n'était pas un simple valet, sa maîtresse l'épouserait immédiatement.

Que fait Depuis? Il va se précipiter aux genoux de sa maîtresse en lui disant :

— *Savez-vous* que je suis un fils de famille? *Savez-vous* que mon père est un des plus grands fabricants de bière de Bruxelles en Belgique? *Savez-vous* enfin que

> Je suis un malheureux qui vous aime d'amour.
> Hélas ! je pense à vous comme l'aveugle au jour.

Et la folle le croit ; elle lui avoue qu'elle l'aime aussi, lorsque l'on annonce la visite du cousin à qui elle vient de faire porter une lettre.

Ce cousin, qui veut épouser sa cousine ou plutôt sa dot, dit à Dupuis :

— Vous n'avez plus besoin de conserver le déguisement de chasseur que vous aviez adopté pour pénétrer auprès de celle que vous aimez, et il faut aussi faire couper votre barbe.

Une fois qu'il l'a fait se dépouiller de son splendide uniforme et de sa belle barbe, le cousin prouve aux deux domestiques que leur Narcisse est réellement plus fat que joli garçon, et à sa cousine que son chasseur n'est qu'un garçon sans esprit, sans naissance, et un mauvais domestique; de sorte que notre Ruy-Blas devient la risée de tout le monde, et le mystificateur devient le mystifié.

Ce vaudeville, qui a obtenu un grand succès, est très-bien joué par Dupuis qui y est excellent, par mademoiselle Caroline Bader qui est charmante — comme toujours, et par mademoiselle Ulric-Lejars qui zezaie le marseillais comme si elle était de la Cannebière.

Les deux auteurs de *la Dame de Saint-Tropez*, du *Docteur noir*, de *Don César de Bazan* et du *Vieux Caporal*, viennent, sans le secours de Frédérick-Lemaître, cette fois, d'obtenir encore un nouveau succès au théâtre de la Gaîté.

Ceci ne veut pas dire qu'ils viennent de faire un chef-d'œuvre, ni même un drame dont le genre pourra servir de modèle aux petits d'Ennery de l'avenir ; non, mais telle qu'elle est, sans ficelles bien apparentes et surtout sans prétentions, cette pièce est préférable à bien d'autres succès qui ne valent même pas l'honneur d'être nommés.

Et puis, par le temps de drame qui court, il est si difficile de rencontrer un sujet nouveau : adultères, vols, crimes, parricides, tout a été fait et refait, de sorte que, bien souvent, et cela sans s'en douter, les auteurs retombent dans un sujet connu.

Valentine Darmentière a de nombreux points de ressemblance avec *Angèle*, *Antony* et *la Pénélope Normande*. D'ailleurs, voici le sujet de la pièce :

Comme le dit lui-même Maurice Darmentière, il y

a des gens qui cherchent une femme pour une dot;
lui, il va chercher une dot pour sa femme.

Voilà pourquoi, au premier acte, il s'embarque
pour le Brésil, laissant sa femme, Valentine Darmentière, entre une belle-mère qu'elle n'aime pas et un
jeune homme qu'elle est bien près d'aimer.

Cependant Valentine apprend que son Antony,
Georges Courtenay, est le fils d'un voleur, et que ses
deux millions de fortune sont le fruit d'un crime de
son père.

Le notaire chez lequel a été volée cette fortune était
le père de Valentine, qui en est mort de chagrin. En
apprenant cette nouvelle, Valentine ne peut résister à
une violente indignation, et, à propos d'un bouquet
de fleurs rares que Georges vient de lui offrir, elle le
traite de recéleur au beau milieu d'un bal.

Dès lors Georges n'a plus qu'une idée, faire sa
maîtresse de Valentine, et la quitter aussitôt sa passion assouvie ou plutôt sa vengeance accomplie.

Que fait Georges? Il vient demander un emploi
dans l'usine que Valentine dirige à Louviers pendant
l'absence de son mari.

— J'ai rendu la fortune à Louis Vernier, à qui elle
appartenait, lui dit-il; aujourd'hui je suis pauvre,
mais honorable, et je veux, à force de travail et de
peines, reconquérir l'estime de tous et surtout la
vôtre.

Oui, cet homme grand et fort, qu'elle a injurié publiquement, cet homme qu'elle a flétri aux yeux de tous, au lieu de se révolter, plutôt que de chercher à se venger, cet homme enfin est là, devant elle, les mains jointes, la voix tremblante, les yeux baignés de larmes, implorant son pardon et sa pitié, la suppliant d'oublier tout le passé pour ne se souvenir que du châtiment qu'il s'est infligé par amour pour elle !

Quelle est la femme qui, dans la position de Valentine, ne se serait pas sentie émue et n'aurait pas tendu la main à Georges ?

Quoique n'aimant pas son mari, Valentine possède une âme élevée, un cœur tendre, généreux, ardent, passionné, et la noble action de Georges devait la perdre.

Elle crut à ses serments d'amour, elle crut à ses souffrances, et elle en fit son amant.

Mais au retour de Maurice tout se découvrit, et Valentine apprit que Georges l'avait indignement trompée, qu'il n'avait fait que prêter sa fortune à un homme qu'il avait affublé du nom de Louis Vernier, et que sa prétendue abnégation n'était qu'une infamie pour surprendre son amour.

Dans une scène de folie, Valentine laisse échapper son secret en présence de son mari, qui sans sa mère (madame Darmentière) la tuerait.

Ici se passe la plus belle scène de la pièce.

Le vrai Louis Vernier, l'enfant d'adoption de Maurice, avait provoqué Georges en duel ; Maurice s'est chargé d'arranger l'affaire; mais, lorsqu'il apprend que Georges a séduit sa femme, il veut le tuer lui-même ou se faire tuer.

— Si je le provoque personnellement, se dit Maurice, on apprendra que c'était pour me venger de l'infamie de Valentine, et toute la honte retombera sur mon nom.

Alors il dit à Georges :

— Louis Vernier ne veut en aucune façon empêcher ce duel ; il prétend, et cela est vrai, qu'il lui est impossible de rétracter les propos qu'il a tenus sur votre compte.

— Mais il a dit que mon père était un voleur, dit Georges.

— N'est-ce pas la triste vérité ? répond Maurice.

— Il a dit aussi que mon père n'était qu'un assassin, un...

— N'est-ce pas toujours la vérité ? dit Maurice en l'interrompant, et votre père n'était-il pas le plus lâche et le plus infâme des hommes ?

Ah ! cette seconde fois, Georges n'y tient plus, et, après avoir essayé vainement de ne pas se battre avec le mari de sa maîtresse, il est forcé de le provoquer directement, car l'insulte est nouvelle.

— Enfin, vous avez été bien long à comprendre, dit Maurice en le regardant d'une façon terrible.

— Grands dieux !... vous savez donc ?...

— Taisez-vous, malheureux ! taisez-vous. Je me

bats pour venger Louis Vernier et non pour l'honneur de ma femme.

Et ils sortent pour se battre.

Maurice a tué Georges, et il veut aussi abandonner Valentine ; mais sa mère est là, le suppliant d'oublier tout et de pardonner à sa femme qui l'aime (un peu tard).

Maurice pardonne. Aidé de sa mère, il fait croire à Valentine qu'elle n'a rien avoué dans son délire, et que le duel qui vient d'avoir lieu n'était que pour essayer de sauver la vie à Louis Vernier.

Somme toute, ce drame est très-bien fait et très-soigné. On ne montre pas la plus petite *croix de ma mère*, et depuis la première scène jusqu'à la dernière l'intérêt va toujours croissant.

La jolie Duverger a obtenu un succès de talent, et les honneurs de la soirée ont été pour elle. Rappelée presque après chaque acte, le rôle de Valentine Darmentière a été pour elle un véritable triomphe.

S'il est, avec Alfred de Musset, un poëte plein de charme, de jeunesse et d'amour, c'est à coup sûr notre regretté Henry Murger.

Qui donc, avec Musset et mieux que Murger, a su peindre cette femme, ange ou démon, toujours à la poursuite d'un amour qu'elle croit plus ardent et plus sincère ; de ce type adorable, gaspillant les morceaux de son cœur avec la folie et l'inconstance de l'enfant

2.

qui piétine sur la fleur qu'il vient de cueillir, aussitôt qu'il en aperçoit une autre lui paraissant plus pure, plus fraîche et plus belle?

Cœur de feu, teint de lys, yeux bleus, bouche mignonne et cheveux d'or, la Musette d'Henry Murger aurait pu être la fille de la Mimi Pinson d'Alfred de Musset, si.... Mimi Pinson avait jamais songé à être la mère de quelqu'un ou de quelque chose.

Quoique aimant avec la même ardeur, Musette et Mimi Pinson n'avaient pas toujours les mêmes goûts. Ainsi Mimi Pinson n'était pas coquette, puisque

> Elle n'a qu'une robe au monde !

mais elle était gourmande.

Musette, au contraire, n'était pas gourmande, mais elle était terriblement coquette.

Musette n'avait pas, comme Marion Delorme, une cameriste qui lui disait en la déshabillant :

> Madame, le monsieur de ce soir est-il bien?

Mais elle aimait à se prélasser dans la soie et le velours, tandis que Mimi Pinson ne rêvait que robe blanche et champagne rose.

Dans *le Pays latin*, que tout le monde a lu, la Musette de *la Vie de Bohème* s'appelle Mariette, et elle ne jette pas à tout propos son bonnet par dessus les moulins pour l'amour d'un bijou, d'un morceau de dentelle ou de ruban.

La fidélité de Musette s'usait avec une robe ou un chapeau ; celle de Mariette aurait pu être interminable comme un roman de la *Patrie*.

Quant à *la Vie de Bohème*, connaissez-vous une image plus fraîche et plus émouvante que celle-là ? La vie de bohème ! mais jamais la jeunesse et l'amour n'eurent une odyssée plus admirable ; jamais la poésie du cœur ne se trouva plus accomplie, plus simple, plus charmante et plus adorable que dans ce livre immortel.

Malheureusement, la vie de bohème n'existe plus ! Autrefois, on se contentait d'espérance, et pourvu que le pain de chaque jour fût assaisonné d'un sourire bien franc, d'un regard bien tendre et d'un baiser bien sonore, on se moquait de tous les Sardanapale et de tous les Lucullus du monde.

L'amour était le mobile de cette existence enchanteresse. « Tout par l'amour et pour l'amour, » telle était la devise des habitants de la bohème.

Mais bah ! nous avons l'air de nous attrister, soyons plutôt philosophe !...

> Puisque les plus belles choses,
> Les amours et la beauté,
> Comme le lys et les roses
> N'ont qu'une saison d'été,
> Quand mai, tout en fleurs, arbore
> Le drapeau vert du printemps,
> Aimons et chantons encore ;
> La jeunesse n'a qu'un temps !...

Maintenant, descendons un peu du nuage dans lequel nous sommes monté depuis quelques instants et revenons à la réalité, c'est-à-dire en présence de *la Vie de Bohème*, ressuscitée à l'Ambigu-Comique. Nous n'avons pas à juger cette jolie pièce, ou pour mieux dire ce chef-d'œuvre, qui a été apprécié en son temps et dont le succès a été immense.

Le personnage le plus réussi et le plus sympathique est peut-être celui de Mimi. Mimi, c'est le bijou de *la Vie de Bohème*. Tout le monde la chérit ; elle est si gentille, si douce, si souffrante ! Selon nous, Mimi est le type le plus séduisant que nous connaissions.

Musette n'est, souvent, qu'une sorte de Manon Lescaut sans Desgrieux, tandis que Mimi, c'est un ange de tendresse, d'amour et de sincérité.

Mademoiselle Jane Essler convenait parfaitement à ce personnage, et son succès y a été très-grand.

Au quatrième acte, lorsqu'elle réclame son amant à madame de Rouvres, elle a des gestes et des éclats de voix superbes ! Comme elle est bien convaincue, et comme elle a raison lorsqu'elle dit : « Oui, Rodolphe ne m'a pas aimée, mais adorée ! Adorée, entendez-vous, Madame ? Nous autres grisettes, comme vous nous appelez, vous autres grandes dames, nous avons souvent le dessus du panier de vos amours ! »

Au cinquième acte, mademoiselle Jane Essler a été couverte de fleurs. Sa mort est sublime et déchirante ; ses petites lèvres blanchissent tout à coup , ses joues s'allongent ; ses yeux, qui se sont cernés insensiblement, deviennent complétement fixes, et elle meurt en lançant un dernier regard vers celui qui, selon Voltaire :

A daigné tout nous dire en nous disant d'aimer.

Adorables lectrices,

Je vous demande pardon d'avance pour toutes les négligences de style et surtout pour toutes les incohérences que je puis commettre dans ces quelques lignes.

Si vous saviez dans quel état je suis ! Le bruit des applaudissements m'a presque assourdi, et le succès auquel je viens d'assister m'a complétement enivré.

Le public de la Gaîté a été enthousiasmé ; il a demandé — ce qui n'a point eu lieu — qu'on lui amenât les auteurs sur la scène, et, à l'heure qu'il est, afin de remédier au refus de MM. d'Ennery et Anicet, M. Harmant se demande s'il ne serait point convenable d'exposer le buste des auteurs de *la Fille du Paysan* au contrôle de son théâtre.

Depuis longtemps, à l'exception de *Nos Intimes !* le théâtre en général n'avait obtenu un tel... j'allais dire succès, c'est triomphe qu'il me faut écrire.

Chaque fois qu'un théâtre de drame, la Porte-Saint-Martin, le Cirque-Impérial, l'Ambigu-Comique ou la Gaîté, donne une œuvre nouvelle de M. d'Ennery, on vous prédit d'avance une pièce mal écrite, un sujet vieux et usé.

Il règne autour de M. d'Ennery une défaveur ou plutôt non... une *jalousie* incroyable.

Pourtant cela n'empêche nullement, croyez-le bien, que la salle ne soit recherchée ou louée avec une étonnante avidité par tous les gandins, les gandines, les journalistes, les artistes et les gens du monde, qui forment ce qu'on appelle :

« Le public des premières représentations. »

Mais on a beau dire, toutes les cabales du monde ne feront pas tomber une jolie pièce, et les confrères, les envieux et les pessimistes les plus obstinés ont dû s'unir au public intelligent et sincère qui vient d'assurer à *la Fille du Paysan* la même vogue qu'à *la Closerie des Genêts*, *Richard III*, *Don César de Bazan* ou *le Médecin des Enfants*.

La veille de la première représentation de *la Fille du Paysan*, M. X... disait à M. d'Ennery :

— Je voudrais bien voir la première de cette pièce-là ?

— J'aimerais bien mieux voir la centième, moi, répondit le malin dramaturge.

Le public va réaliser le rêve de M. d'Ennery.

Aussi intéressant par son invraisemblance que par la façon habile dont il est traité, le nouveau drame de MM. Anicet-Bourgeois et d'Ennery perdrait énormément à être raconté.

La pièce avait été arrêtée par la commission d'examen, et ce n'est que sur l'ordre de S. Exc. le comte Walewski qu'elle a été rendue aux auteurs.

Le point de départ est une jeune fille que l'on déshonore, grâce à un appartement chloroformé — pour la circonstance.

Comme vous le voyez, cela est aussi émouvant que scabreux.

Mais l'amour est constamment l'objet principal de ce drame, et, au théâtre comme à la ville, les yeux et le cœur ne demandent pas mieux que de se laisser séduire par le charme adorable du plus divin de tous les sentiments humains.

L'un des principaux attraits de la soirée était les débuts de M. Francis Berton.

Qui ne se souvient encore du peintre Paul Aubry, de *Diane de Lys*, de l'élégant de Nanjac, du *Demi-Monde ?*

Ce pauvre Berton ! lorsqu'il est entré en scène, son émotion était si grande, que l'on aurait cru qu'il affrontait les feux de la rampe pour la première fois.

Heureusement, le touchant accueil du public l'a promptement remis.

Quel charmant comédien que Berton ! Tour à tour plein d'énergie et de tendresse, son jeu est rempli de passion, sa voix est persuasive, et nous sommes heureux de constater l'immense succès qu'il a obtenu.

Sous une enveloppe frêle et chétive, mademoiselle

Lia Félix possède une nature vigoureuse et sympathique.

Si je ne craignais pas de déflorer le prochain feuilleton de M. Paul de Saint-Victor, je dirais tout simplement à mademoiselle Lia Félix :

— Mademoiselle Lia, vous êtes la digne sœur de Rachel, et vous avez joué en grande comédienne *la Fille du Paysan.*

Quand nous avons lu sur l'affiche de l'Ambigu-Comique : *la Bouquetière des Innocents,* drame historique ! nous avons éprouvé un véritable plaisir ; l'idée de revoir sur le théâtre une nouvelle épopée véridique et amusante, nous transportait d'aise.

Ah ! c'était le bon temps — comme on dit. On avait autant de duels que de maîtresses, et, en l'an 1600, pourvu qu'on fût un cavalier de bonne mine, pourvu qu'on portât crânement sur le côté son feutre à larges bords, sur les épaules un long manteau de couleur sombre se relevant pour laisser passer la pointe d'une épée, on était sûr, sinon d'être aimé d'une reine comme Ruy-Blas, ou de devenir maréchal de France comme d'Artagnan, au moins de faire son chemin, soit sur les champs de bataille, soit à la Cour.

On se riait de l'amour et des richesses, on jouait avec la mort, et pourtant, on finissait par posséder le tout.

Cependant, un doute venait assombrir notre joie ; car, quoique la pièce fût de deux auteurs de talent, elle n'était ni d'Hugo, ni de Dumas, ni de Maquet, les maîtres en ce genre.

Les pièces qui n'ont que la *prétention* d'être historiques ont un grand inconvénient, c'est que tous les événements principaux sont connus, et qu'en conséquence, il faut racheter par le charme et l'esprit de l'invraisemblance l'intérêt du dénouement prévu.

La nouvelle pièce de l'Ambigu-Comique roule constamment sur trois personnages à la recherche d'une moitié de médaille qui doit faire découvrir le complice de l'assassin de Henri IV.

Jusqu'à ce jour, l'histoire n'avait pas attribué de complice à Ravaillac. Mais MM. Anicet et Dugué ont voulu que cela fût changé.

Margot, une marchande de fleurs qui fait de la politique ; Jacques Bonhomme, un cordonnier amoureux de Margot — elle a donc des bottines sur la planche ; — et, enfin, Henriot, un jeune peintre, fils naturel du roi vert-galant, sont chargés d'être les Christophe Colomb de cette demi-médaille.

Pour expliquer la fin du maréchal d'Ancre, les auteurs lui font jouer le rôle du complice en question, et le Concini meurt entraînant la Galigaï dans sa chute.

Ce n'est ni plus neuf ni plus malin que cela.

Voyez un peu à quoi tiennent les choses d'ici-bas ! Si MM. Anicet Bourgeois et Ferdinand Dugué n'avaient point imaginé cette malencontreuse médaille, ils auraient sans doute fait une bonne pièce à la place de *la Bouquetière,* et public, journalistes, auteurs et directeur, tout le monde y aurait gagné.

Les auteurs ont oublié que l'élément comique était nécessaire, — même dans un drame. Quant à la passion, vraie ou fausse, sentimentale ou romanesque, elle est vraiment trop négligée, messeigneurs !

Sur onze tableaux, le premier, le huitième, le neuvième et le dixième ne sont pas trop somnifères.

Est-ce suffisant ?

Évidemment non.

La Bouquetière des Innocents avait produit un grand effet à la lecture, tout le monde comptait sur un immense succès.

La petite figure pâle, les grands yeux bleus cernés et le talent fiévreux de mademoiselle Jane Essler convenaient parfaitement à représenter Louis XIII, ce pauvre roi à qui Victor Hugo a fait dire dans *Marion Delorme :*

> Moi, le premier de France, en être le dernier !
> Je changerais mon sort au sort d'un braconnier.
> Oh ! chasser tout le jour en vos allures franches,
> N'avoir rien qui vous gêne, et dormir sous les branches !
> Rire des gens du Roi ! chanter pendant l'éclair,
> Et vivre libre au bois, comme l'oiseau dans l'air !

Précisément à cause de sa petite nature chétive, mademoiselle Essler a des éclairs qui étonnent et enthousiasment le public.

Ainsi, lorsqu'elle apprend que Concini est le complice de l'assassin de son père, elle a un :

« — Voilà donc pourquoi je le haïssais tant ! »
qui lui a valu une véritable ovation.

MM. Anicet et Dugué avaient à leur disposition
madame Marie Laurent.

Eh bien ! malgré leur excellente idée d'un rôle à
double face, ils n'ont pas su s'en servir.

Madame Laurent a déployé, tout ce qu'elle possède d'énergie et de talent, mais vous ne changerez
pas en diamant l'eau du ruisseau. Ce personnage de
Margot n'est pas assez comique, et celui de la maréchale n'est pas assez dramatique... quoi qu'en ait dit
la claque.

Un joli mot à propos de la claque.

Pendant son règne aux Variétés, M. Nestor Roqueplan engageait un jour un auteur à supprimer une
tirade qui lui semblait déplacée.

— C'est très-mauvais, disait M. Roqueplan.

— C'est très-beau, au contraire, soutenait l'auteur.

— Vous tenez à votre tirade, elle restera ; mais je
vous soutiens qu'elle est détestable, et la preuve, c'est
que je serai forcé de la faire couvrir d'applaudissements.

Ce qui prouve une fois de plus que l'esprit paradoxal
est souvent bon à quelque chose.

II

3.

II

Le nouveau théâtre des Délassements-Comiques. — Le jeune R...
et Mlle Alice *** — Un Monsieur qui veut. — Une Dame qui
ne veut pas. — Du danger de laisser pénétrer un joli garçon
dans sa chambre à coucher. — *Les deux Paires de bretelles* de
M. Édouard Brisebarre. — Une lettre de M. Brisebarre. —
M. de Chilly et le nuage inquiétant. — Le départ du boulevard du
Temple. — Bobêche et sa sœur. — Mlle Dinah-Félix à la Comédie-
Française. — *Une Semaine à Londres.* — Les actrices pour rire. —
M. Dumas fils et les amis de son père. — *Antony* à la Porte-Saint-
Martin. — On ne résiste pas à Dumaine. — Mort du duc Pasquier.
— M. Commerson. — George Sand et l'Académie. — Mort de
Mme Home. — Si l'on décorait Paul de Kock. — Vingt millions le
Grand Hôtel. — *Les Misérables* à l'Ambigu-Comique. — Les amants
de Mlle Mars. — Cambronne. — M. Clairville. — La garde meurt
et ne se rend pas! — Les déménagements du terme de juillet. —
M. Jules Lecomte. — M. Jules Janin. — M. de Villemessant. —
M. Arsène Houssaye. — Etc., etc.

Non loin des Variétés, les jolies femmes et les succès abondent en ce moment au théâtre des Délassements-Comiques.

Toutes les gandines et les lorettes qui n'ont pas encore quitté Paris pour les tripots de l'Allemagne, s'en vont chaque soir rue de Provence au n° 26.

La salle est un amas confus de blanc, de rouge, d'or et de diamants.

L'autre soir, j'y suis entré un instant et j'ai aperçu dans une loge, — mademoiselle Alice ***; cela lui rappelait les beaux jjours, ou plutôt les belles soirées des Variétés.

Le jeune R..., un véritable bohème, était alors très-amoureux de mademoiselle Alice *** qui jouait aux Variétés.

Il montait la garde sous son balcon; il la suivait dans la rue, au bois de Boulogne, dans les coulisses, où il avait ses entrées, faisant résonner à ses oreilles les plus amoureuses tendresses; mais l'aimable fille dédaignait un amour qui ne se manifestait que par des démonstrations de dévouement et des promesses de fidélité éternelle.

— Je vous suivrai partout, je serai votre ombre, votre cauchemar, disait R... à l'impitoyable actrice.

— Mon cher, vous m'en...nuyez, lui répondait celle-ci.

— Je tuerai vos amants.

— Je vous dénoncerai au commissaire de police.

— Eh bien ! je me tuerai moi-même.

— Pour ça, ne vous gênez pas.

R... ne perdit pourtant pas courage. Il continua à

soupirer auprès de l'actrice, épiant cette déesse chauve qui s'appelle l'occasion.

Un soir, dans sa précipitation d'entrer en scène, elle oublia son mouchoir sur une banquette du foyer.

Une idée illumina soudain le cerveau de R...

Il s'empara du bienheureux mouchoir et se rendit aussitôt au domicile de son inhumaine.

— Mademoiselle ***, dit-il à la domestique, m'a dit de venir l'attendre chez elle, et, pour que vous ne conceviez pas de doute, elle m'a remis son mouchoir que voici.

Et il présenta le mouchoir de batiste marqué aux initiales de mademoiselle Alice ***. La domestique, sans défiance, fit entrer R... dans le salon.

Vers minuit, quand mademoiselle Alice *** rentra chez elle, les premiers mots de sa femme de chambre furent ceux-ci :

— Il y a au moins deux heures que ce monsieur vous attend ; en voilà un qui a de la patience !

— Quel monsieur ?

— Ce monsieur à qui vous avez remis votre mouchoir.

— Je n'ai remis mon mouchoir à personne.

— Tiens ! tiens ! tiens !

— Mais où est-il, cet homme ?

— Dans le salon.

Mademoiselle Alice *** se précipite dans le salon.

Personne. Elle ouvre un cabinet et ne voit que le vide.

Elle se dirige vers cette discrète partie de l'habitation que nous nommons chambre à coucher.

Quel spectacle frappe ses regards ?

R... n'avait pas cru devoir séjourner longtemps dans le salon.

Homme de résolution, il avait franchi le seuil du gynécée, s'était débarrassé de vêtements importuns, et s'était glissé entre deux draps éclatants comme la neige. C'était là qu'il attendait l'ennemi.

— Monsieur, s'écrie l'actrice, vous allez sortir d'ici ou j'appelle !

— Appelez ; mais je vous prédis que cela fera de l'esclandre dans la maison.

L'actrice trouva la réflexion juste.

— Votre conduite est indigne !

— La passion lave le crime. Je vous aime ; donc je suis absous.

— Je vous avertis que je dormirai dans cette bergère.

— Comme vous voudrez ; mais demain vous serez pâle, vous aurez les yeux rouges, et vos rivales diront que vous êtes laide.　.　.　.　.　.　.　.　.　.　.

.　.　.　.　.　.　.　.　.　.　.　.　.　.　.　.

Nous avons peut-être oublié de dire que R... était un fort joli garçon.

Mademoiselle Alice *** en a bien ri le lendemain, en le racontant au foyer.

M. Harel vient de reprendre les *deux Paires de Bretelles*, une ancienne, mais très-amusante pièce de MM. Édouard Brisebarre et Eugène Nus, à qui M. de Chilly vient de commander un drame en cinq actes.

Au moment où assis dans notre pauvre petite mansarde, — située au treizième étage d'une masure de la rue de la Cossonnerie, — la tête appuyée sur la main gauche, pendant que la main droite écrit sans hésiter les adorables choses que vous lisez, un chasseur rouge et or, ce qui le fait ressembler à un marchand de vulnéraire suisse, nous apporte la lettre suivante :

« Mon cher ami,

« Dans tes dernières *Coulisses parisiennes*, tu as « commis deux erreurs que je viens relever, afin de « ne pas laisser

« déshonorée !

« perdue ! !

« flétrie ! ! !

« une plume aussi fine et aussi spirituelle que la « tienne.

Moi. — Farceur, va !

« Les *Deux Paires de bretelles*, dont tu as bien « voulu annoncer la reprise aux Folies-Dramatiques,

« est une pièce en deux actes faite en collaboration
« avec Eugène Nyon et non avec Nus.

  « Quant à mon drame, qui doit être joué à l'Am-
« bigu-Comique, je l'ai fait tout seul — afin qu'il soit
« moins mauvais — comme dirait d'Ennery.

« Tout à toi,

« ÉDOUARD BRISEBARRE. »

A propos de l'Ambigu.

Il y a environ dix ans, et pendant une chaleur
tropicale, M. de Chilly arrive dans la ville de X... où
il devait donner une représentation extraordinaire.

La veille de cette représentation, M. de Chilly dit
au directeur du théâtre de X... :

— Monsieur, croyez-vous que je ferai de l'argent
demain ?

— Pour faire de l'argent, répondit le directeur, il
nous faudrait ceci : à sept heures du matin, une bonne
pluie, afin d'empêcher les habitants d'aller à la campagne ; à deux heures de l'après-midi, un orage épouvantable, puis un rayon de soleil, afin de laisser au
public le temps d'assiéger le bureau de location ; enfin, à sept heures du soir, au moment de l'ouverture
des bureaux.... un nuage inquiétant.

Que dites-vous d'*un nuage inquiétant ?*

C'est décidément à la fin du mois que le Théâtre-
Lyrique va déménager.

Le Cirque fera comme le Théâtre-Lyrique ; les Folies-Dramatiques, comme le Cirque ; la Gaîté, comme
les Folies-Dramatiques, etc., etc.

C'est bien fini, on nous enlève le dernier souvenir
de Bobêche !

Vous rappelez-vous Bobêche ? Bobêche, le pître
par excellence, l'inimitable queue rouge ?

Habitués du boulevard du Temple, prêtez une oreille
attentive : nous allons essayer de transmettre à la
postérité quelques-unes de ses plaisanteries, dernier
souvenir de la parade et de Paris-Saltimbanque !

— Bobêche ! lui dit son maître dans une de ces
farces improvisées qui révélaient un talent souvent
digne de Molière, Bobêche, n'as-tu pas reçu des nouvelles de ta sœur ?

— Ah ! patron ! c'est une coquine ! elle abandonne
son frère, elle déshonore sa famille ; ne m'en parlez
plus !

— J'ai là une lettre qu'elle m'écrit pour m'annoncer
sa conversion et me dire qu'elle pense à toi pour sa
succession.

— Au fait ! c'est une bonne fille : elle a toujours
eu de l'amitié pour ses parents, et elle ne les oubliera
jamais.

— Elle a gagné beaucoup d'argent par ses galan-
teries ; mais tu sais, ce qui vient de la flûte retourne
au tambour !

— Vous avez raison ! ces filles-là, c'est un fléau .

véritable pour des gens comme nous ; ma bile s'échauffe et se soulève rien que d'y penser.

— Cependant il paraît qu'elle a réservé 10,000 fr. pour ta portion.

— Mon cher patron, donnez-moi un congé, que j'aille voir cette bonne, cette excellente sœur, et la serrer dans mes bras ! car enfin, c'est la joie, l'honneur, la perle de la maison !

— Ah ! mon Dieu ! à l'autre feuillet, la lettre me dit que des voleurs sont venus et ont emporté tout l'argent qu'il y avait chez elle.

— Les scélérats ! la coquine ! elle s'entendait avec eux pour ne me rien laisser ; permettez-moi de partir, que j'aille l'étrangler !

— Attends ! heureusement que la justice est venue et a saisi les voleurs nantis encore de la somme.

— J'avais tort d'accuser ma sœur ; ce n'est ni une voleuse ni une catin, c'est une digne personne incapable de porter préjudice à qui que ce soit.

— Mais les juges ont tout sequestré, et tu ne pourras rien toucher jusqu'à la condamnation des voleurs.

— Décidément, patron, je vois qu'il faut que j'attende le jugement pour savoir à quoi m'en tenir sur le compte de ma sœur.

M. Jules Janin, l'ami de la famille Félix, vous dira, dans son charmant et spirituel feuilleton, toute l'intelligence, la finesse et l'esprit que vient de déployer la gentille Dinah, dans les rôles de Lisette, des *Folies Amoureuses* et du *Jeu de l'Amour et du Hasard*.

La grande ombre de sa sœur, — l'illustre Rachel, — a porté bonheur à mademoiselle Dinah Félix, et ses débuts à la Comédie-Française ont été aussi brillants et aussi heureux que possible.

Mademoiselle Augustine Brohan a dû déchirer ses gants à force d'applaudir, et Son Excellence le comte Walewski a daigné lui-même adresser à mademoiselle Dinah les compliments les plus sincères et les plus flatteurs.

Le même soir, les Variétés reprenaient *Une semaine à Londres*, une ancienne, mais amusante folie de M. Clairville et feu Jules Cordier.

La critique courait des Variétés à la Comédie-Française et *vice versá*.

Le public des Variétés ne brillait peut-être pas par le trop grand nombre d'académiciens ou de savants, mais en revanche on pouvait y lorgner mesdames Ulric Lejars, Léonie Leblanc, Félicie, De Géraudon et Alice Ozy.

Mademoiselle Blanche Pierson représentait le Vaudeville.

Mademoiselle Philippe, la Porte-Saint-Martin.

Mademoiselle Nelly... les Funambules.

Mademoiselle Judith-Ferreyra, l'arrondissement de Chaillot.

Mademoiselle Duverger, le royaume de Golconde.

On annonce, pour faire suite aux *Actrices de Paris*, dont nous parlions dans notre premier chapitre :

Feroyer.
Elisa de Géraudon.
Suzanne.

Augustine Duverger.
Clémentine.
Hostée.
Rose Deschamps.
Agasty.
Crénisse.
Almire Paurelle.
Schneider.

Protat.
Olivier.
Ulric Lejars.
Ristori.

Rivière.
Inès Martine.
Rose Janin.
Emilie Defodon.

Auteurs : MM. Sainte-Beuve et... Jules Moinaux.

Nous avons publié une lettre que nous adressait
M. Edouard Brisebarre, un auteur de talent; aujour-
d'hui, nous publions quelques lignes de M. Laferrière,
une célébrité dramatique :

« Mon cher Koning,

« Je reçois à l'instant une lettre de madame Sand,
« qui m'apprend qu'elle donnera une fameuse pièce
« fantastique au boulevard.

« J'ai répondu à George Sand, que deux lignes
« dans sa pièce me feraient le plus grand plaisir et
« le plus grand honneur.

« Une bonne poignée de main,

« Ad. Laferrière. »

On annonce le retour à Paris de M. Alexandre
Dumas.

Tant mieux pour ses cent mille amis.

Au temps de sa splendeur, Dumas tenait table ouverte à Monte-Christo; quiconque arrivait à l'heure
du déjeuner ou du dîner trouvait son couvert mis.

Un jour Alphonse Karr, avisant un visage inconnu
installé au bout de la table, demande à l'amphitryon le
nom de ce personnage.

— Je ne le connais pas; ce doit être un ami de mon
fils.

L'auteur de *la Pénélope Normande* se retourne vers
Dumas fils et lui adresse la même question.

4.

— J'ignore qui il est, répond le fils, ce doit être un ami de mon père.

L'événement de la semaine a été la reprise d'*Antony*, au théâtre de la Porte-Saint-Martin.

Le dimanche qui suivait cette reprise, un journal que nous ne voulons pas nommer, contenait les lignes suivantes :

« Avant-hier, la Porte-Saint-Martin a repris *Antony*.

« C'est un drame dont les idées et le style ne sont « plus de notre temps. »

Pauvre *Antony !*

Mais, plus heureux encore que Richard d'Angleterre, qui était abandonné par l'univers entier, il n'y a qu'un journal qui te dédaigne.

« Le style et les idées d'*Antony* ne sont plus de notre temps ! »

Ne dirait-on pas que, depuis 1830, deux siècles se sont écoulés.

Mais M. A..., l'académicien ;

M. B..., le poëte ;

M. C..., le grand peintre, etc., etc.

Tous ces gens-là ne sont plus de notre temps ; et pourtant leurs œuvres n'ont pas vieilli.

Que vous importe qu'un monument soit antique, s'il est joli ;

Que vous importe qu'un livre ou un drame soit vieux, s'il est bien fait.

Antony est le type-modèle, le chef-d'œuvre de la passion.

Quelle est la femme qui résisterait à un pareil amour ?

Quel est l'ange qui ne succomberait pas devant une telle adoration ?

Quant à ce qui est de la morale, Théophile Gautier a écrit :

« Rien n'est plus insignifiant que les vices de « l'homme, — si ce n'est la vertu de la femme. »

Antony est l'œuvre préférée d'Alexandre Dumas.

Aussi, chaque fois qu'il présentait son fils à un grand personnage, il avait soin de dire :

— Lui et *Antony*, ce sont mes deux meilleurs ouvrages.

L'athlétique Dumaine déploie dans ce rôle une conscience qui fait plaisir et une vigueur qui effraie.

— A la bonne heure ! disait une gandine à une de ses amies, c'est un véritable plaisir que d'être séduite de force par un gaillard comme celui-là.

— Pourquoi donc ? reprit l'amie.

— Dame ! parce qu'il est inutile de résister.

Le duc Étienne-Denis Pasquier vient de mourir, âgé de quatre-vingt-seize ans.

M. le duc Pasquier avait été :

Conseiller des requêtes au Parlement ;

Conseiller d'État ;

Préfet de police ;

Ministre des affaires étrangères ;

Président de la Chambre des pairs ;

Chancelier de France ;

Académicien !

Lundi, à midi, les obsèques de M. le duc Pasquier ont eu lieu à l'église de la Madeleine.

Les cordons du poële étaient tenus par :

M. Thiers, en habit noir.

M. Guizot, en costume d'académicien.

M. Villemain,   id.

M. Patin,   id.

Parmi les assistants se trouvaient MM. Saint-Marc Girardin, Viennet, Berryer, Flourens, Émile Augier, de Sacy, Sainte-Beuve, etc., etc.

Quel est l'écrivain qui va prendre possession de la place vacante à l'Académie ?

Quel est le mortel qui va devenir immortel en remplacement de M. le duc Pasquier ?

C'est ce que moi et bien d'autres vous diront... après l'élection.

M. Théophile Gautier ne veut, dit-on, faire aucune visite pour posséder ce fauteuil... qui lui tend les bras — comme on dit au Palais-Royal.

M. Camille Doucet est sûr de l'obtenir.

M. Commerson ne fait que l'espérer.

M. Adolphe Choler le refuse d'avance.

Vous allez voir que personne ne voudra s'asseoir dans ce malheureux fauteuil, et qu'il finira par rester aussi vide que ceux du Vaudeville.

En ce cas, ces messieurs de l'Académie seront peut-être assez galants pour l'offrir à une nommée George Sand.

Madame Home, femme du célèbre médium, vient de mourir au château de la Roche, près Périgueux.

Madame Home était sœur de madame la comtesse de Koucheleff-Besborodka.

La célébrité de M. Home est universelle, et cet illustre mariage n'avait étonné personne.

Cependant, si je devenais jeune fille, — ce qui, je le crois, n'arrivera jamais, — j'hésiterais beaucoup, eh ! mais beaucoup, avant d'épouser un homme qui pourrait, selon sa fantaisie, connaître mes moindres actions.

A moins, pourtant, que ces actions ne fussent du chemin de fer du Nord.

On assure que Paul de Kock, *le romancier du peuple*, sera décoré à l'occasion du 15 août.

Entre nous, voilà une occasion qui est bien en retard.

A propos d'occasion, il paraît que le *Grand Hôtel de la Paix* ne revient qu'à *vingt millions !*

Puisque nous sommes seuls, je puis vous avouer que mes chevaux et mes maîtresses me reviennent à moins cher que cela.

Si j'étais directeur de l'Ambigu-Comique, a dit Léo Lespès, voici comment je monterais *les Misérables :*

Jean Valjean,	MM.	*Beauvallet.*
Marius,		*Lafontaine.*
Javert,		*Chilly.*
Le père Mabeuf,		*Bocage.*
Monseigneur Bienvenu,		*Lafont.*
Thénardier,		*Geffroy.*
Fauchelevent,		*Mélingue.*
Gavroche,	Mmes	*Déjazet.*
La Thénardier,		*Marie-Laurent.*
Fantine,		*Lia Félix.*
Eponine,		*Doche.*
Cosette,		*Page.*

Sans doute, ce serait une pièce bien *montée* ; mais, en supposant que chacun des douze artistes que nous venons de nommer ne fût payé que 200 francs par soirée, cela coûterait déjà 2,400 francs.

Joignez à cela une moyenne de 1,600 francs de mise en scène, d'autres appointements, etc., etc., vous aurez une dépense de 4,000 francs par jour.

Et, jusqu'à présent, la plus forte recette de l'Ambigu a été de 4,008 francs !

Total, au maximum, 8 francs de bénéfice !

M. de Chilly est ce que l'*Entr'acte* appelle un directeur *intelligent*, et nous sommes certains que, s'il consentait à se nourrir de gloire, ce ne serait que pour dessert, et encore!...

Dernièrement, au foyer de la Comédie-Française, on demandait à mademoiselle R. D..., une jeune Célimène qui aspire à devenir sociétaire, quel était l'homme de France qu'elle préférait, l'homme de son cœur, de ses rêves et de ses espérances?

Elle répondit, avec une naïveté que mademoiselle Augustine Brohan elle-même n'aurait pu imiter :

— C'est le ministre d'État.

A propos du petit vicomte de C..., qui est tout nouvellement *avec* mademoiselle J. E..., on nous raconte que, du temps de mademoiselle Mars, l'amant d'actrice existait encore.

Quand mademoiselle Mars changeait d'amant, tout Paris en était informé.

Voilà qui gênerait bien des dames, que vous et moi connaissez.

La nouvelle circulait à la Bourse, dans les foyers, les salons, partout... et encore autre part.

On se livrait à une foule de conjectures et de déductions, comme s'il s'agissait d'un événement politique.

Du reste, il faut dire que mademoiselle Mars ne

choisissait pas ses adorateurs précisément parmi les bohèmes du quartier Latin, ni même parmi les *calicots* de la rue Saint-Denis.

Elle adoptait plus volontiers, conformément aux mœurs et aux goûts d'alors, les officiers à la mode, les *lions* militaires.

Ces sortes de liaisons à épaulettes produisaient parfois de ces petits drames larmoyants et légèrement marivaudés, dont le Gymnase a tant abusé depuis.

On annonçait que mademoiselle Mars, amoureuse folle (comme si une femme de théâtre était jamais amoureuse folle) du brillant colonel de G..., se voyant négligée par lui, mettait chaque soir un poignard et du poison sur sa table de nuit!

Quelle sensation profonde dans tout le public!

On allait même jusqu'à assurer que l'artiste désespérée était décidée à renoncer au théâtre et avait envoyé sa démission de sociétaire.

Quelques jours après, mademoiselle Mars, pour *rassurer* tout à fait le public, avait formé une autre liaison (moins dangereuse) avec un militaire tout aussi jeune et aussi élégant que le colonel de G..., et de plus son ami intime.

Aujourd'hui, tout le monde sait qu'un grand nombre de nos comédiennes ont plus de talent à la ville qu'au théâtre, et le public sérieux ne se passionne plus pour toutes ces poupées-là!

De grandes discussions viennent de s'élever entre les héritiers de deux grandes familles.

Il s'agit de savoir si c'est le comte Michel ou le général Cambronne qui a fait cette sublime réponse à Waterloo :

« La garde meurt et ne se rend pas. »

Les preuves sont aussi suffisantes d'un côté que de l'autre, et l'on est presque tenté de l'attribuer aux deux généraux.

— Mais, me direz-vous, voilà une phrase qui ne restera pas orpheline, puisque deux familles se la disputent.

Alors, à qui appartient le mot... le... fameux MOT enfin... ; vous savez bien ce que je veux dire ?

— Je le devine.

Eh bien, admettons que c'est M. Clairville qui l'a dit... et n'en parlons plus.

A propos du terme de juillet, un grand nombre de célébrités artistiques, littéraires ou financières ayant changé de local, nous publions leur nouvelle adresse :

M. BEAUVALLET,	rue du Grand-Hurleur.
Mlle MARIE VERNON,	rue Pirouette.
M. MARC-FOURNIER,	rue de l'Étoile.
Mlle PHILIPPE,	rue de la Colombe.
M. JULES JANIN,	rue Richepanse.
Mlle SAINT-URBAIN,	rue Ménessier.

Mme RISTORI,   rue Myrrha.
Mme A. PLESSY,   rue du Bel-Air.
M. VIENNET,   rue de l'Avenir.
Mlle DÉJAZET,   rue du Rossignol.
M. BOCAGE,   rue de l'Ancienne-Comédie.
Mlle JUDITH-FERREYRA,   Porte-Maillot.
M. ARSÈNE HOUSSAYE,   rue Voltaire.
Mlle PAGE,   rue Gracieuse.
La C^sse DE CHABRILLAN,   rue Mogador.
M. FRÉDÉRICK-LEMAÎTRE,   rue des Couronnes.
Mlle BOISGONTIER,   rue du Dragon.
M. DE VILLEMESSANT,   rue des Bons-Enfants.
M. RAYNARD,   rue Chabannais.
Mlle ROSE DESCHAMPS,   rue de la Perle.
M. HENRY DE PÈNE,   rue Saint-Georges.
Mlle LUCILE DURAND,   rue Beauregard.
M. VICTOR SÉJOUR,   rue Négrier.
Mlle SCHNEIDER,   rue de l'Alouette.
M. HENRY DELAAGE,   place de la Concorde.
M. THÉODORE BARRIÈRE,   rue Molière.
Mme THIERRET,   rue Chauchat.
M. FECHTER,   rue des Dames.
M. DE LAMARTINE,   rue du Génie,
Mlle RIGOLBOCHE,   aux Halles.
M. HARMANT,   rue de la Gaîté.
Mlle FARGUEIL,   rue de la Planchette.
M. DE ROTHSCHILD,   rue du Petit-Banquier.
Mlle ALPHONSINE,   rue Babille.

Mlle Jane Essler,	rue des Bouchers.
M. Léon Laya,	à Chaillot.
Mlle Pierson,	rue Blanche.
Mlle Suzanne Lagier,	rue de la Fidélité.
Mlle Daudoird,	rue de la Faisanderie.
M. Jules Lecomte,	rue Saint-André.
M. Lafontaine,	rue Saint-Fiacre.
M. E. Reyer,	rue de la Statue.
M. Ricord,	rue de la Sonde.
M. Édouard Thierry,	rue Favart.
M. Duponchel,	rue des Fillettes.
Mlle Lia Félix,	rue Saint-Victor.
Les frères Lyonnet,	rue des Marmousets.
M. Commerson,	rue de Lauzun.

III

III

Le duc Pasquier est mort! vive le duc de Morny! — Un mot de M. Mocquard. — Le duc de Morny et *la Dame aux Camellias.* — Une nouvelle photographie. — La ressemblance par à peu près. — Alexandre Dumas et son bottier. — *La France.* — M. Fiorentino et Mme Alboni. — Les mariages d'aujourd'hui. — Le photographe théâtral du dix-neuvième siècle.— Mlle Philippe. — Mlle Lia-Félix. — M. Bocage. — *Danaé et sa bonne.* — Pourquoi Mlle de Ribeaucourt aime mieux jouer avec Mlle Chrétienno qu'avec Mlle Schneider. — Léo Lespès et le *Journal des abus.* — *La Silhouette.* — Les trois Mousquetaires. — Jules Noriac. — Aurélien Scholl. — Charles de Courcy. — Le banquier X... et Mlle M..., du Palais-Royal. — Un faisan de trois mille francs. — Arthur! — *Les Mystères du Temple.* — Une lettre de M. Théodore Barrière. — Une lettre de M. Victor Séjour. — L'origine des *Faux Bonshommes* et celle du *Fils de la Nuit.* — Un ballet à l'Ambigu-Comique. — Un tête-à-tête au café Anglais. — Une glace... dans une armoire. — Frédérick-Lemaître dans *les Saltimbanques.* — Souvenirs et regrets. — Un génie qui se trompe.

Le duc Pasquier est mort! vive le duc de Morny!

Aujourd'hui et pour un instant seulement, nous allons nous permettre un petit voyage, dans un autre monde que dans celui des coulisses... du théâtre.

Pendant cette courte excursion il nous faudra donc :

1° Ne pas tremper notre plume dans du blanc liquide ;

2° Ne pas maquiller notre style ;

3° Ne pas faire sécher le tout avec un peu de poudre de riz à la maréchale.

Et cela, pour vous parler d'un ministre qui passe ses loisirs à composer des comédies tout aussi spirituelles, mais plus divertissantes que celles de beaucoup d'auteurs dramatiques, que je ne vous nommerai pas.

Je vous jure que je ne dis pas cela pour M. Léon Laya.

M. le comte de Morny, que l'Empereur vient de nommer duc, est ce qu'on appelle *une intelligence hors ligne*.

Brave comme Bayard ; élégant comme le comte d'Orsay ; spirituel comme M. Nestor Roqueplan ; savant comme deux académiciens réunis ; politique comme M. de Metternich, tel est le nouveau duc.

Le premier décembre 1852, un membre du *Jockey-Club* demande à M. de Morny deux billets pour la séance de la Chambre du lendemain.

M. de Morny les lui remet en souriant et ajoute :

— « Si, par hasard, on vous faisait des difficultés, recommandez-vous de moi ou faites-moi appeler. »

— « Qu'est-ce que vous allez devenir, M. de Morny, on dit qu'on va balayer la Chambre ? lui disait le baron de ***.

— « Je tâcherai de me mettre du côté du manche. »

Le 1er décembre, au soir, on jouait, à l'Opéra-Comique, la première représentation d'une pièce de M. de Saint-Georges.

M. de Morny y rencontra les généraux Cavaignac et Lamoricière.

Il est évident que ces deux derniers désiraient faire à M. de Morny ce qu'il leur fit la nuit même.

Ces représentants se saluèrent gravement ; tout fut dit.

Du reste, l'idée des arrestations du 2 décembre appartient à M. de Morny.

— « Ils nous remercieront, disait-il ; un homme arrêté ne peut pas nuire : il est à l'abri de ses mauvaises passions et de celles des autres. »

Après la soirée passée à l'Opéra-Comique, il se rend à l'Élysée : il y avait grande réunion ; amis et ennemis étaient en présence dans le salon officiel du Président de la République.

M. de Morny, petillant de saillies et d'ardeur, gourmandait les uns, gouaillait les autres, et personne ne s'aperçut qu'il commençait une partie où il allait risquer sa tête.

En effet, à la fin du dernier conciliabule tenu à l'issue de la réunion officielle :

— « Il est bien entendu, dit simplement M. de Morny, que chacun de nous y laisse sa peau. »

— « La mienne est déjà si usée, répliqua spirituellement M. Mocquard, que je n'ai pas grand'chose à perdre. »

M. Hippolyte Castille, de qui nous tenons ces quelques lignes, raconte l'anecdote suivante, qui fait le plus grand honneur à l'esprit et à la courtoisie de M. de Morny :

M. Alexandre Dumas fils venait de faire répéter la *Dame aux Camellias*, au Vaudeville, lorsque la censure l'arrêta *subitement*.

La direction comptait sur un succès.

C'était la première pièce de M. Dumas fils.

Désespéré, il va trouver M. Ernest Lépine, le jeune et spirituel secrétaire de M. de Morny. M. de Morny se fait raconter la pièce, — et est enchanté du jeune auteur.

— « Votre pièce sera jouée, et tout Paris viendra y pleurer. »

Toujours prêt à encourager toute audace en matière d'art, pourvu qu'elle soit soutenue par des qualités solides et réelles, M. de Morny protége tout ce qui mérite d'être protégé.

Il y a du grand seigneur anglais chez M. de Morny, qui le matin travaille dans son cabinet à ses affaires agricoles et de haute industrie, touche à la politique, aux intérêts les plus délicats de la couronne, et le soir se trouve au club, au bal ou à l'Opéra.

Une nouvelle et grande photographie vient de s'ouvrir... je ne vous dirai pas où.

Voici un aperçu des prix de ce rival de Carjat :

Ressemblance parfaite. . . .   20 francs.

Demi-ressemblance. . . . . .   10 francs.

Air de famille. . . . .   5 francs.

Ah! ça, et pour ne pas ressembler à mademoiselle Judith F... cela doit coûter au moins 100 francs!

En attendant les témoins de mademoiselle Judith F... je vais vous raconter une petite anecdote... qui n'en est pas une.

Un jour, un bottier tombe, pas d'un cinquième étage, mais à Monte-Christo, pour réclamer le paiement d'une note de cent écus.

— Je n'ai pas d'argent aujourd'hui, répond Alexandre Dumas.

— Pas d'argent, réplique le bottier, c'est bientôt dit ; mais je perds mon temps à courir.

— C'est juste, dit Dumas, aussi pour vous payer de votre course voici 10 francs ; il est bien entendu que ces dix francs restent en dehors des cent écus que je vous dois.

Le bottier se retire enchanté et il revient trois jours après.

Dumas lui donne encore 10 francs pour l'indemniser de sa course et de son temps perdu.

Deux jours plus tard le bottier reparaît et reçoit encore 10 francs.

Au bout de deux mois, Alexandre Dumas avait payé 10 francs par 10 francs ses 300 francs au bottier, mais il lui devait encore cent écus.

C'est décidément le 1er août que va paraître le premier numéro du journal *la France.*

Cette feuille, ainsi que l'annonce son, ou plutôt ses prospectus, sera rédigée par tout ce que Paris renferme de noble et d'intelligent dans le monde des lettres, des arts et de la politique.

MM. de la Guéronnière et Troplong sont les principaux rédacteurs politiques de la *France.*

M. Henry de Pène est chargé d'une chronique quotidienne.

La critique des théâtres français sera faite par l'italien Pier-Angelo Fiorentino.

Il paraît que M. Fiorentino demande :

1° 15,000 francs d'appointements ;

2° Un traité de DIX ans ;

3° Une liberté pleine et entière.

A part son style charmant, vif et fin, mesdames Carvalho, Alboni et M. Mario conviendront avec nous que il cavaliere Fiorentino n'en est pas moins un critique d'une très-grande valeur.

Aussi nous lui souhaitons pour un million de chance!

LES MARIAGES D'AUJOURD'HUI.

1er GANDIN (*à un ami*). — Est-ce vrai que tu te maries ?

2me GANDIN. — Oui.

— Ta future est-elle riche ?

— Trente mille livres de rente.

— C'est joli. Quel âge a la demoiselle ?

— Soixante ans ; mais elle n'en paraît que cinquante.

Sous ce titre : *Le Photographe théâtral au dix-neuvième siècle*, il vient de naître une entreprise dirigée par MM. Salvador-Tuffet et Darthenay, dit l'Attila des journalistes.

Cette entreprise a pour but de publier la biographie historique et complète des principaux artistes de Paris.

Trois de ces biographies nous ont été adressées : ce sont celles de M. Bocage, mesdames Lia-Félix et Philippe.

Je ne puis mieux comparer la réunion de ces trois artistes qu'aux divers degrés du soleil par une belle et chaude journée d'été.

Ainsi, mademoiselle Philippe nous représente le soleil à six heures du matin.

C'est l'aurore qui se lève, c'est le talent qui se révèle !

Mademoiselle Lia-Félix, le soleil de midi, c'est-à-dire l'éclat le plus vif, la renommée la plus complète.

M. Bocage, le soleil à six heures du soir.

C'est la chaleur qu'on ne craint plus, l'astre qu'on ose regarder en face.

En un mot, le génie fatigué qui s'endort le soir, en rêvant à la gloire du matin.

Un soir, au Palais-Royal, on jouait *Danaé et sa bonne*, avec mademoiselle Chrétienno dans le rôle de Lolotte créé par mademoiselle Schneider.

Après la représentation, un adorateur de mademoiselle de Ribeaucourt lui demandait qui elle préférait dans ce rôle, de mademoiselle Schneider ou de mademoiselle Chrétienno.

Mademoiselle de Ribeaucourt répondit sans hésiter qu'elle préférait mademoiselle Chrétienno.

— C'est singulier, répondit l'adorateur ; je trouvais beaucoup plus de talent à mademoiselle Schneider ; mais du moment que vous....

— Il n'y a pas de comparaison, interrompit mademoiselle de Ribeaucourt ; mademoiselle Chrétienno est dix fois plus agréable. On peut au moins jouer à côté d'elle toute une soirée sans qu'elle soulève le plus petit murmure d'admiration ou le moindre signe approbateur.

On annonce, comme devant paraître prochaine-
ment, une nouvelle feuille intitulée : *Journal des
Abus.*

Le rédacteur en chef de ce nouveau journal serait
M. Aurélien Scholl.

« Connaissez-vous Aurélien Scholl? demande Timothée Trimm (Léo Lespès) dans le *Figaro-Programme.*

« M. Scholl est un esprit vif, prime-sautier, oseur
— qui apporte une certaine gaieté aux choses sé-
rieuses et un calme tout britannique aux choses ba-
dines. — Il écrit à la grande façon des satiriques du
dix-huitième siècle, avec brio, même avec colère, mais
sans quinteuses rancunes, — sa plume crache parfois,
elle ne tousse jamais. »

Il y a environ trois ans, trois jeunes gens, trois
hommes spirituels : Jules Noriac, Aurélien Scholl et
Charles de Courcy, fondèrent une machine à esprit
intitulée la *Silhouette.*

Je vous laisse à penser si nos trois amis s'en don-
nèrent à cœur-joie.

Le papier du journal était bien blanc et bien satiné;
les caractères étaient neufs et coquets; quant au for-
mat, il était d'une élégance irréprochable.

Un journal de marquise ou de lorette.

Les trois amis dépensèrent dans la *Silhouette* beaucoup d'esprit et tout leur argent.

Malheureusement, nos trois journalistes, ou plutôt nos trois gentilshommes, auraient rougi de recevoir le plus petit abonnement, et leur bourse n'étant pas aussi inépuisable que leur esprit, il arriva qu'un beau jour la *Silhouette* cessa de paraître.

Ce jour-là :

M. Ernest Legouvé se frotta les mains ;

L'Académie sourit ;

La muse de l'Esprit versa trois larmes, — trois perles précieuses !... comme dirait M. Garand, l'auteur des *Étrangleurs de l'Inde.*

Et tout fut dit.

Aujourd'hui les temps, ou plutôt les idées ne sont plus les mêmes.

Aurélien Scholl, l'un des trois, — j'allais dire Mousquetaires, — a reconnu que l'esprit était assez rare pour être vendu et acheté.

A l'exemple de Jean-Jacques-Rousseau qui a écrit en tête de *La Nouvelle Héloïse* :

TOUTE JEUNE FILLE

QUI LIRA CE LIVRE SERA PERDUE

Scholl pourra, sans prétention, écrire en tête de sa nouvelle propriété :

Ce journal est interdit aux imbéciles.

Ainsi le *Journal des Abus,* qui sera, dit-on, lancé et soutenu par un de nos plus riches banquiers, daignera prendre pour abonnés tout ce que Paris renferme de vif, de jeune et d'intelligent.

M. X... un célèbre banquier, accorde ses bonnes grâces à mademoiselle M... du Palais-Royal.

Il y a quelques jours, mademoiselle M... éprouva le besoin de grignoter trois papillottes de mille francs, et naturellement elle songea à M. X...

Pendant qu'elle réunissait cent combinaisons, entra dans son boudoir blanc et rose... un monsieur que nous appellerons... *Arthur*.

— Croyez-vous, lui dit mademoiselle M... que X... me prêtera volontiers trois mille francs ?

— Volontiers... c'est douteux ; cependant...

— Comment dois-je m'y prendre ?

Arthur, qui n'était pas fâché de jouer un tour à X... dit à mademoiselle M... — Je tiens votre affaire, écrivez ce que je vais vous dicter :

« Cher,

« J'attendais ce matin de l'argent qui m'a fait défaut. »

— C'est bien vieux, interrompit mademoiselle M...

— Allez toujours.

« ... de l'argent qui m'a fait défaut.

« Apportez-moi donc, je vous prie, une misère de

trois mille francs, et venez en même temps dîner avec moi.

« J'ai un faisan superbe.

« Signé : M...»

— Et vous croyez, dit mademoiselle M... quand la lettre fut partie, qu'avec cela j'aurai *mon* argent ?

— Avec ce billet, ma chère amie, vous n'aurez pas un sou, ou je ne connais pas le cœur humain.

— Alors, pourquoi me l'avoir fait faire ? dit mademoiselle M... qui avait déjà de grosses larmes dans les yeux.

— Parce qu'il était nécessaire qu'un premier billet précédât celui que je vais vous dicter.

— Quoi ! écrire encore ?

— Deux mots seulement.

« Cher ami,

« Regardez ma lettre comme non avenue ; au moment même où je venais de vous écrire, l'argent attendu m'arrivait ; me voilà donc richissime : n'allez pas oublier cependant que je vous attends à dîner, le faisan est magnifique. »

La seconde lettre partit comme la première.

— Maintenant, dit le bohème, voici ce qu'il va arriver. X... fera semblant de n'avoir pas reçu votre second billet, et il se montrera d'autant plus généreux que vous n'avez pas besoin d'argent.

Tout s'exécuta comme notre bohème l'avait prévu. X... offrit galamment les 3,000 francs avec la conviction qu'on ne les accepterait pas ; mais à sa grande stupéfaction on les empocha sans même le remercier.

Pour comble de malheur, il n'y avait pas daigner de faisan comme fiche de consolation.

Ce fut *Arthur* qui le mangea le soir en compagnie de mademoiselle M... dans un cabinet du café Anglais.

M. Victor Séjour, l'auteur de *La Chute de Séjan*, de *Richard III*, du *Fils de la Nuit* et de *la Tireuse de cartes*, ne donne guère qu'une pièce par an, aussi l'annonce seule de cette pièce fait-elle autant de bruit que toutes les représentations réunies d'une comédie de M..... Paul Foucher.

Tout jeune encore, M. Séjour débuta à la Comédie-Française, il en a conservé de mauvaises habitudes littéraires, voilà pourquoi certaines phrases de ses drames paraissent bizarres dans la bouche de tel ou tel acteur qui a fait ses études dans les pièces de M. Bouchardy.

M. Victor Séjour est l'homme des cris, des pleurs, en un mot, des situations émouvantes, mais rarement invraisemblables, ce qui est une grande qualité au théâtre.

En revanche, M. Séjour n'a pas du tout la corde

comique, et c'est peut-être pourquoi ses drames sont si souvent contestés :

« Au théâtre, l'opposition est la première chance « du succès. »

Il y a quelques années, M. Marc-Fournier avait commandé une grande pièce d'été à M. Victor Séjour.

Dans cette pièce, il fallait du comique, beaucoup de comique. Que faire ?

C'est alors que M. Marc-Fournier, — le directeur de toutes les fantaisies, — voulut connaître le résultat d'une collaboration de M. Victor Séjour avec M. Théodore Barrière.

Il les fit venir tous les deux ; le sujet de la pièce fut bien arrêté, le plan bien tracé, et quinze jours plus tard, MM. Séjour et Barrière devaient se retrouver dans le cabinet du directeur de la Porte-Saint-Martin.

Le jour du rendez-vous arrivé, M. Séjour reçut la lettre suivante :

« Mon cher Séjour,

« Je tiens en ce moment un sujet de comédie, que je crois superbe pour le Vaudeville.

« Excuse-moi donc si je t'abandonne et si je ne me trouve pas au rendez-vous indiqué dans le cabinet de Fournier.

« Je te serre la main,
« THÉODORE BARRIÈRE. »

Le même jour, M. Barrière recevait la lettre suivante :

« Mon cher Barrière,

« Je tiens, en ce moment, un sujet de drame, que je crois superbe pour la Porte-Saint-Martin.

« Excuse-moi donc si je t'abandonne et si je ne me trouve pas au rendez-vous indiqué dans le cabinet de Fournier.

« Je te serre les deux mains,

« VICTOR SÉJOUR. »

Six mois plus tard, la comédie de M. Barrière, au Vaudeville, et le drame de M. Séjour à la Porte-Saint-Martin, obtenaient un succès immense.

La comédie de M. Théodore Barrière s'appelait : *Les Faux Bonshommes.*

Le drame de M. Séjour avait nom : *Le Fils de la Nuit.*

Mais je reviens bien vite aux *Mystères du Temple*, que je vais essayer de vous faire connaître en deux mots.

Pour constituer une dot à sa fille Edmée, qui a été ruinée par son père, la marquise de Rouvry se dévoue, et, pendant douze ans, elle s'établit, à ses moments perdus, marchande au Temple, sous le pseudonyme de la mère Rémy.

> Combien de *mères* en ce monde
> Ne voudraient pas en faire autant.

Lorsque la pièce commence, Edmée a dix-huit ans, et on va la marier à M. de Feuillant, qui cache l'âme d'un profond scélérat sous l'enveloppe d'un gentilhomme. Edmée n'aime pas M. de Feuillant, elle adore en secret un jeune et honnête avocat nommé Olivier qui, pour lui plaire, s'est déguisé en *Antony*, et lui a sauvé la vie en arrêtant les chevaux de son équipage qui avaient pris le mors aux dents.

Enfin, grâce à l'habileté de M. Séjour, la scélératesse de M. de Feuillant est bientôt découverte, Olivier, qui avait été accusé d'avoir assassiné la mère Rémy, est reconnu innocent.

Le crime, c'est-à-dire les crimes sont punis, la vertu est récompensée et à minuit...

> L'heure des fantômes et des amours,

tous les amoureux finissent par s'épouser.

Telle est, sauf trois ou quatre autres intrigues fort intéressantes — la donnée de ce drame qui est appelé, croyons-nous, à faire beaucoup d'argent.

La mise en scène est mesquine et manque d'élégance.

On a économisé sur l'habit de ce pauvre Machanette pour acheter une belle robe de velours cerise à madame Laurent. C'est mal !

A l'exception de M. Espinosa, qui est un danseur merveilleux, le ballet est déplorable.

Mais ce qui nous a fait le plus de plaisir dans le tableau de *la fête de Saint-Ouen*, c'est une douzaine de coryphées, portant des robes d'une mousseline plus raide que blanche. Ces robes sont ornées de rares et petits nœuds de soie bleue ; ajoutez à ce costume, qui n'a rien de bien lascif, une épaisse couronne, posée sans goût sur des cheveux noirs ou rouges, tristement pommadés, gauchement frisés, et vous aurez l'image exacte d'un pensionnat de Pontoise le jour de la distribution solennelle des prix.

AU CAFÉ ANGLAIS.

LE VICOMTE DE C... (à mademoiselle Antonia). Mademoiselle que puis-je vous offrir ?

Mademoiselle ANTONIA. — Une glace... dans une armoire.

Nous hésitons à vous parler de la reprise des *Saltimbanques*, au Palais-Royal, par Frédérick-Lemaître.

« Le grand comédien, » comme disent les camarades de Frédérick, a remporté un échec complet. Cependant le public a été d'une modération inconnue jusqu'à ce jour : on était plein de respect devant cette agonie.

Pendant les entr'actes, on s'abordait dans les couloirs, au foyer, en se disant :

— Est-ce assez triste ?

— Est-ce assez navrant ?

Tout le monde est resté jusqu'à la fin, et Dieu sait si la salle était garnie ! A la sortie du spectacle on se sauvait sans oser regarder derrière soi ; on fuyait la maison des *Saltimbanques*, on essayait de se consoler en évoquant les glorieux et charmants souvenirs de *Kean* ou de *Ruy-Blas* !

La sortie du spectacle avait l'air d'un enterrement en déroute.

Hélas ! c'était peut-être tout l'immense génie de Frédérick qu'on venait d'ensevelir.

IV

IV

M. Victorien Sardou décoré par *les Ganaches*. — *La Malle de Lise,* aux Délassements-Comiques. — La chanson des amours. — Bocage est mort ! — Buridan, garçon épicier. — Bocage, refusé à Bobino. — *La Tour de Nesle* à Belleville. — MM. Gustave Bourdin, Jean Rousseau et le petit père Legendre. — Le *bagne* des théâtres. — La modestie des grands artistes. — Une matelotte de M. d'Ennery. — Le théâtre des Arts-et-Métiers. — *Le Château de Pontalec.* — *La comtesse Mimi.* — La beauté de Mlles Blanche Pierson, Céline Montaland et Léonie Leblanc. — Brune et blonde. — Un ange de Breda-Square. — Qu'est-ce que M. Amat pourrait bien faire de la main de M. Alexandre Dumas ? — Des yeux de cinq cents francs. — *Les Fous.* — M. Édouard Plouvier. — Le livre du bon Dieu. — Dédain de Mlle L... pour une demoiselle qui a des relations avec des acteurs et des journalistes. — Comment on aime au Vaudeville. — Une lettre de Mlle Déjazet. — *La Chatte merveilleuse.* — Les actrices qui pourraient jouer le rôle de la fée Minette. — Origine du mot *Pataquès.*

On assure que M. Victorien Sardou sera décoré après sa première pièce.

La prochaine pièce de M. Sardou a pour titre : *Les Ganaches.*

Franchement, personne n'aurait cru que ce seraient les *Ganaches* qui feraient décorer ce charmant auteur.

M. Édouard Brisebarre est un vaudevilliste d'esprit, un dramaturge de talent. *La Malle de Lise*, qu'il vient de donner aux Délassements-Comiques, est un charmant couplet de l'éternelle chanson des amours. Franck dit à Lise :

— Je ne t'aime plus.

Lise répond à Franck :

— Et moi je vous déteste.

— Eh bien, partez !

— C'est ce que je vais faire.

Lise fait sa malle ; elle y met même le plus de temps possible. Enfin la malle est faite, et c'est le cœur bien gros que nos deux amoureux se séparent.

Franck a bien vu que Lise s'éloignait en lui lançant un regard bien doux, bien triste ; mais, comme cela fait la vingtième fois que cette scène se renouvelle, il veut « montrer du caractère, » et il la laisse partir.

Hélas ! une fois qu'il est seul, Franck se rappelle son bonheur d'autrefois :

— C'est égal, — dit-il, — elle était bien gentille ; elle criait toujours, c'est vrai ; mais, en revanche, comme elle était caressante quand elle le voulait ! Et puis, elle avait bien raison quelquefois : elle me faisait travailler. Que va-t-elle devenir ? qui va-t-elle aimer?... C'est égal, je l'aimais bien, et... je l'aime encore, soupire-t-il en essuyant une grosse larme.

Au même instant, Lise revient : elle a manqué le chemin de fer. Vous devinez le reste.

Franck et Lise tombent dans les bras l'un de l'autre ; et le rideau, qui a rougi au même instant, se baisse bien vite au bruit d'un gros baiser.

Bocage est mort !

Bocage partageait, avec Frédérick, le trône du monde théâtral.

S'il était une destinée bien remplie, — nous dit Albert Blanquet, un de ses amis, — s'il fut une de ces fortunes étranges dont chaque pas est marqué par une péripétie, coloré par un de ces curieux détails que le public aime à connaître, c'est assurément la destinée de Bocage.

Bocage était né à Rouen, de pauvres ouvriers qui logeaient dans un grenier, lorsqu'il vint au monde.

Il passa lui-même ses premières et ses plus belles années dans la misère et la souffrance.

Heureux ! quand il pouvait épargner quelques sous pour aller au théâtre.

— Je veux être comédien, dit-il un jour à sa mère.

Et il partit pour Paris, la bourse vide, mais le cœur garni d'espérance.

Dans sa grande simplicité, Bocage avait entendu parler du Conservatoire comme d'une école où s'enseignait l'art dont il avait vu l'étincelle jaillir à ses yeux : il s'y présenta ; mais les professeurs d'alors, bonnes gens du reste, infatués de vieilles traditions, se refusèrent à deviner l'avenir de cette belle tête inspirée.

Il devint donc garçon épicier, puis clerc d'huissier.

Voyez-vous d'ici ce futur Buridan servant de la cassonnade, ou ce frénétique Antony faisant des protêts, copiant des saisies !

Pourtant Bocage ne se découragea pas.

A cette époque, s'élevait déjà, abrité par les marronniers du Luxembourg, et sous le nom de *Bobino*, un théâtricule qui attirait tous les disciples de Barthole et d'Hippocrate.

Bobino refusa Bocage, qui partit alors pour jouer la comédie en province.

Enfin, le jour du triomphe arriva pour Bocage. Paris l'acclama comme il le méritait.

L'Homme du monde, Newgate, Schylock, Napoléon à Schœnbrunn, le posèrent dans l'opinion et préparèrent sa réputation.

Après la merveilleuse création du vieux curé de *l'Incendiaire,* il créa *Antony,* puis Didier, dans *Marion Delorme;* oh! qu'il devait être heureux, qu'il devait être grand et beau, lorsqu'il voyait palpiter, pleurer et tressaillir le premier public du monde, pendant qu'il récitait à genoux, devant Marion Delorme, les admirables vers d'Hugo.

Après *Marion Delorme*, Bocage joua successivement : *La Tour de Nesle, Térésa, Angèle, la Vénitienne, Ango, les sept Enfants de Lara, Don Juan de Marana, Antoine le Pauvre, Christophe le Suédois, Lucrèce*, etc., etc.

Le 1er juillet 1845, Bocage fut nommé directeur de l'Odéon avec une subvention de cent mille francs.

Pendant sa direction il joua :

Agnès de Méranie, Diogène, Échec et Mat, joli drame qu'il joua avec un grand talent et une grande tendresse, car l'un des auteurs était son neveu, — notre ami Paul Bocage.

Après la révolution de février, Bocage quitta la direction de l'Odéon; il alla jouer *la Vieillesse de Richelieu* au Théâtre-Français.

Il revint à l'Odéon, où il fit courir tout Paris avec *François le Champi*, ce n'est qu'après cette pièce qu'il joua *Claudie* et *Paris* à la Porte-Saint-Martin.

Nous ne parlerons que pour mémoire de sa direction à Saint-Marcel.

Puis il rejoua Buridan au Théâtre de Belleville.

— A ce sujet permettez-moi une anecdote :

Nous assistions à l'une de ses représentations : Gustave Bourdin, Jean Rousseau et moi.

Placés dans une avant-scène, nous applaudissions à tout rompre.

A l'acte de la prison et au dernier tableau, nous

fîmes comme les Bellevillois, nous pleurâmes à chaudes larmes.

Bocage avait été superbe !

Deux jours après cette soirée, Jean Rousseau fit, dans le *Figaro-Programme*, un article splendide à Bocage.

Mais, comme il ne voulait pas perdre sa réputation de « farouche critique, » il signa l'article du nom du petit père Legendre, le pseudonyme et le caissier du *Figaro*.

Le jour même, Bocage se présenta dans les bureaux du *Figaro*.

A son entrée, je fis signe à Rousseau, qui me répondit en appuyant un doigt sur ses lèvres.

Bocage tenait son chapeau à la main, et son dos courbé faisait descendre ses beaux cheveux blancs jusque sur ses épaules.

— Monsieur Legendre ? — demanda-t-il.

Je conduisis le grand comédien vers le petit Legendre, qui, quoique levé, disparaissait derrière son pupitre.

— Monsieur, lui dit Bocage, je viens de lire le charmant article que vous m'avez fait ce matin. Je suis vivement touché de tant d'éloges et de tant de bonté. Permettez-moi de vous adresser tous mes remerciements et de vous serrer la main.

Bocage serra la main du petit père Legendre, puis il sortit, après avoir salué tout le monde.

Rousseau et moi nous étions trop émus pour rire de cette méprise.

Quant au petit père Legendre, il essuyait une grosse larme en disant cette grande vérité :

« *Plus les comédiens ont du talent, plus ils sont modestes.* »

Un soir, il jouait alors *Les beaux messieurs de Bois-Doré*, à l'Ambigu-Comique, nous dînâmes avec Bocage au café de la Porte-Saint-Martin.

Pendant le repas, il me raconta vingt anecdotes de toutes les couleurs, — des rouges surtout, — avec une verve charmante.

Après le dîner, il prit mon bras, et je le conduisis jusqu'à l'Ambigu. Chemin faisant il me dit :

— Quel âge avez-vous donc ?

— Vingt ans.

Il me fixa pendant un instant, puis il se dit à haute voix :—Vingt ans ! et déjà dans le *bagne* des théâtres.

Sur la tombe de Bocage, MM. Lockroy et Noël Parfait ont prononcé chacun un discours.

Les principaux artistes de Paris assistaient au convoi de l'illustre comédien, qui emporte avec lui tant de regrets et tant de sympathies.

M. d'Ennery faisait répéter une pièce. — Je ne vous dis pas cela pour vous apprendre un fait extraordinaire.

— Est-ce drôle, dit-il à M. Dugué, son collaborateur, comme madame Juliette C... se tortille ; on jurerait que c'est une anguille.

Puis approchant de la dame en question, il lui dit :

— Vous auriez dû épouser *** fils, vous.

— Pourquoi cela ?

— Parce qu'à vous deux, vous auriez fait une bien jolie matelote.

Les vacances théâtrales sont terminées. Les salles de spectacle font leur réouverture, les comédiens débutent, les pièces nouvelles abondent, et l'on n'entend plus que le ramage des bravos..... ou des sifflets.

Que de bonheurs inattendus, que de gens inconnus hier deviennent les célébrités d'aujourd'hui. Mais aussi que de joies trompées, que d'espérances déçues !

Le succès, comme la chute, amène toujours une pluie de faux amis ou de vrais ennemis : ce qui fait le malheur de l'un, fait si souvent le bonheur de l'autre.

La Gaîté, le Vaudeville et la Porte-Saint-Martin, nous ont donné trois pièces nouvelles.

Dès le premier soir, le nouveau théâtre de la Gaîté a obtenu le succès le plus flatteur. Le velours, l'or et les lumières étincellent. La nouvelle salle est grande, belle, coquette, riche et très-commode. — Sauf le paradis, qui est, dit-on, un véritable enfer.

Par sa splendeur, la Gaîté est maintenant l'Opéra du drame.

C'est un décor de féerie, qu'il faut voir pour s'en rendre compte, c'est une véritable curiosité qu'il faut visiter et admirer en détail, comme un vase du Japon, une dentelle d'Angleterre ou une table en malachite.

La presse a été *raide* pour le *Château de Pontalec*.

On a cherché à étouffer M. d'Ennery, sans s'apercevoir qu'il était doublé de ce pauvre et bien innocent Dugué.

Sous ce titre charmant : *La comtesse Mimi*, MM. Varin et Michel Delaporte nous ont donné au Vaudeville une seconde édition de *Ah ! que l'amour est agréable !* une pièce représentée dernièrement au Palais-Royal.

Mademoiselle Blanche Pierson y est tout simplement adorable.

On a beaucoup vanté la beauté de mesdemoiselles Céline Montaland et Léonie Leblanc. J'avoue que, — dussé-je passer pour un Visigoth ou même un Ostrogoth, — les éloges que l'on adresse sans cesse à ces dames m'ont toujours paru immensément exagérés.

Mademoiselle Montaland possède une beauté froide, régulière et, par dessus tout, affreusement bourgeoise. Chez elle, rien n'inspire.

On passe sur le boulevard à côté de mademoiselle Montaland et on s'écrie :

— Oh ! la belle créature !

Mais c'est tout.

Dix pas plus loin, vous rencontrez une lorette quel-conque, aux cheveux un peu ébouriffés, à l'œil brillant, au petit nez fin et légèrement retroussé, aux dents petites et blanches, à la bouche rose et mutine, au... dos bien arrondi ; et vous oubliez maden oiselle Montaland pour suivre le petit ange de *Breda-Square*.

Quant à mademoiselle Léonie Leblanc, sa beauté fine et aristocratique était, — il y a peu de temps encore, — bien préférable à celle de mademoiselle Montaland.

Malheureusement, les nombreux travaux dramati-co-lyro-comiques de mademoiselle Leblanc et l'abus du maquillage, achèvent de gâter ses traits flétris bien avant l'âge.

Mademoiselle Blanche Pierson, au contraire, possède une beauté qui est à la fois distinguée, mutine, fraîche et sensuelle. Ajoutez à tout cela son petit talent plein de grâce et de charme, et vous serez forcé de convenir avec moi que mesdemoiselles Leblanc et Montaland n'ont plus qu'à disparaître dans le *troisième dessous*.

Un ex-chanteur, un ex-compositeur, M. Léopold Amat, publie à Nice un journal intitulé *La France méridionale*.

A l'occasion de cette nouvelle feuille, M. Amat

a reçu une lettre de MM. Dumas, Alphonse Karr et Méry.

Voici les quelques lignes de l'auteur de *Henri III*.

« Naples, 24 août 1862.

« Mon cher Amat,

« Je serai des vôtres et avec le plus grand bonheur.

« D'abord, si vous trouvez quelque chose dans le *Monte-Cristo*, prenez-le.

« Ensuite, je vous enverrai d'ici des causeries sur les fêtes et les superstitions de Naples.

« J'embrasse notre Alphonse Karr et vous donne ma main droite pour en faire ce que vous voudrez.

« A. DUMAS. »

Tout autre que M. Dumas eût terminé sa lettre en disant simplement à M. Amat : « Je vous serre la main. »

Aussi, cette dernière phrase nous tracasse-t-elle beaucoup.

Quel est donc ce mystère?

Comme on chante à l'Opéra-Comique.

Je ne suis ni curieux ni avare, oh! non! mais je donnerais bien cinquante centimes, — de la poche de M. de Chilly, — pour savoir ce que M. Amat a fait, va faire, ou fera de la main d'Alexandre Dumas.

Les Fous, la nouvelle comédie de M. Édouard Plouvier, au Gymnase, a été fort critiquée par ces messieurs du lundi.

On n'a pas voulu admettre que M. Plouvier est plutôt un poëte qu'un auteur dramatique.

On n'a pas voulu comprendre qu'avec son intrigue, ses scènes émouvantes et tout son esprit, la comédie des *Fous* est un véritable tour de force du poëte qui a écrit le *Livre du bon Dieu*.

DANS UNE AVANT-SCÈNE.

PREMIER GANDIN. — Sapristi ! comme la petite L... a de jolis yeux ce soir.

DEUXIÈME GANDIN. — Je crois bien, ce sont ses yeux de cinq cents francs.

Dernièrement, en présence de mademoiselle L. L..., on faisait beaucoup d'éloges sur le compte de mademoiselle F...

— Laissez-moi donc tranquille, dit mademoiselle L... : « Une demoiselle qui a des relations avec les *journalistes* et les *acteurs*. »

Il y avait une fois une actrice du Vaudeville qui aimait un acteur... du Vaudeville.

Cela se voit quelquefois.

Or, cette actrice, qui était peut-être la première

comédienne de Paris, était allée chez cet acteur, qui n'y était pas.

Pour passer le temps, la comédienne se mit à casser un verre, pour voir sans doute s'il ferait beaucoup de morceaux , ce qui veut dire beaucoup de bonheur.

— Il paraît qu'elle n'eut pas assez de bonheur ; car elle en cassa deux, puis trois, puis une pendule, puis les glaces, etc., etc.

Après avoir cédé à la tentation de tout casser, la comédienne s'en alla, — non comme elle était venue.

Quelques heures plus tard il se trouva — voyez quel hasard — que la comédienne prit, rue des Martyrs, le même fiacre que le comédien.

Malheureusement, le comédien voulut voir s'il aurait beaucoup de bonheur aussi, et comme, — à ce moment du moins, — la comédienne ne pouvait pas chanter avec *Fra-Diavolo :*

> Je vois marcher sous ma bannière
> Des braves qui me sont soumis,

il serait peut-être arrivé à avoir beaucoup de morceaux et à la bien casser comme ses verres, sa pendule, etc., lorsque l'autorité survint ; elle les sépara.

> Et le combat finit, faute de combattants.

Ma portière prétend que toutes ces choses-là sont horribles.

Je suis joliment de son avis.

Et vous ?

Ah ! j'allais oublier un détail.

Quelqu'un disait à l'actrice dont nous venons de parler :

— Comment avez-vous pu vous laisser battre ainsi, sans même essayer de vous défendre ?

— Ah ! c'est qu'il était si beau dans sa colère.

Oh ! les filles d'Ève !

Le Théâtre-Déjazet « met ses plus beaux habits et se pare de fleurs, » — style Florian — pour célébrer la rentrée de mademoiselle Déjazet, qui doit avoir lieu dans quelques jours.

A propos d'un article que nous fîmes dans le *Figaro-Programme*, sur *la Douairière de Brionne*, la célèbre comédienne nous adressa les cinq lignes suivantes :

« Cher monsieur Koning,

« Merci de votre charmant article.

« Je tâcherai d'en mériter souvent de pareils.

« Croyez à ma reconnaissance et à mon amitié bien sincère.

« Déjazet. »

Vous pensez bien qu'après un tel honneur — d'une telle artiste, — il ne reste plus qu'à rivaliser éternellement avec Darthenay.

Le théâtre du Luxembourg vient de reprendre : *la Chatte merveilleuse...*

Une nouvelle féerie de MM. Désaugiers et Gentil.

Le personnage de la fée Minette est interprété par mademoiselle Hortense Cavalié, qui déploie dans ce rôle une chatterie remarquable.

D'ailleurs, ce personnage est, dit-on, très-facile à jouer, et, mademoiselle Cavalié viendrait à l'abandonner, que, pour la faire remplacer, M. Gaspari n'aurait qu'à choisir parmi mesdames Thierret, Léonie Leblanc, Devoyod, Rose Deschamps, Paurelle, etc.

Pour finir, rappelons l'origine du mot *pataquès*.

Sous le Directoire, dans un bal, une dame laisse tomber son éventail.

Un danseur le ramasse.

— Est-ce à vous, Madame?

— Non, Monsieur. Ce n'est pas ta moi !

Le quidam se tourne vers une autre dame.

— Est-ce à vous, Madame?

— Ce n'est point za moi, Monsieur !

— Oh ! oh ! ce n'est point za vous, ce n'est pas ta vous, dit le danseur. Je ne sais vraiment *pas ta qu'est-ce?*

8.

V

V

La maison César, Dupiton et Ce. — M. Émile Perrin. — M. Léon
Achard dans *la Dame Blanche*. — Mlle Cico. — *Les Ivresses*, de
MM. Théodore Barrière et Lambert Thiboust. — Mlle Fargueil
et M. Félix. — *La reine Crinoline !* — M. Hippolyte Cogniard.
— La veine de M. Théodore de Banville. — M. Léon Sari. —
Un mot... et je finis. — La correspondance de M. Victor Hugo.
— Une lettre de l'auteur des *Misérables* à Mlle Schneider. —
M. Varney. — Mme Ugalde, dans *Orphée aux Enfers*. — Un bienfait
n'est jamais perdu. — Le comité des artistes dramatiques vote
une soupière en vermeil à Mlle Léonie Leblanc. — M. Alfred de
Vigny qui fait sa tête. — M. Amédée de Jallais qui ne la fait
pas. — Le lion du jour. — M. Sardou. — Le sort en est jeté. —
Le drame et Mlle Pauline Cico. — Les fausses prêtresses de la
gaudriole. — Mlle ***, des Variétés. — Tous les amis du journaliste P... disent que c'est une adorable maîtresse.

Le premier commis de la maison César, Dupiton
et Cie va déclarer, avec des témoins, un nouveau-né
dont il est le père de par la loi.

On arrive à la mairie.

Un employé chauve ouvre un registre, interroge, écrit et pose son doigt sur une colonne en blanc :

— Qui est le père de cet enfant?

— Moi, Monsieur.

— Bien, — signez ici.

Et le premier commis signa :

*César, Dupiton et C*ⁱᵉ.

Il a tant l'habitude d'acquitter les factures !

La Dame Blanche attire tout Paris à l'Opéra-Comique, grâce à la nouvelle et brillante mise en scène de M. Émile Perrin ; grâce aussi à la musique immortelle de Boïeldieu, et surtout à l'apparition de M. Léon Achard.

Physique charmant, distinction suprême, voix adorable, telles sont les brillantes qualités déployées par M. Achard dans le rôle de Georges Brown.

Le succès, nous devrions dire le triomphe, de M. Léon Achard a été immense, et nous félicitons sincèrement M. Émile Perrin de sa bonne fortune, qui le fait directeur d'un chanteur de premier ordre.

Le succès de M. Achard n'a contrarié en rien celui de mademoiselle Cico, qui chantait le rôle d'Anna.

Pleine de bonne volonté, d'intelligence et de talent, mademoiselle Cico est appelée à devenir l'égale des Miolan-Carvalho, des Ugalde et des Cabel.

Mademoiselle L... demeurait, il y a peu de temps, au quatrième étage ; elle vient de descendre de deux étages, et loge maintenant au second.

— *C'est sans doute pour être plus près du ruisseau*, a dit un homme d'esprit.

La nouvelle pièce du Vaudeville : *les Ivresses* ou *la Chanson de l'Amour*, comédie en quatre actes de MM. Théodore Barrière et Lambert Thiboust, est une comédie qui contient un véritable esprit et des scènes remarquables ; mais, comme toutes les pièces trop prônées à l'avance, elle n'a pas obtenu tout le succès qu'elle méritait.

Les Ivresses sont loin, très-loin d'être une chute ; mais, comme l'a dit un homme d'infiniment d'esprit :

« — Il est heureux que les auteurs aient pris leur revanche la veille au Palais-Royal avec *Une corneille qui abat des noix*. »

Selon nous, et selon bien des gens, M. Théodore Barrière est le premier auteur dramatique de notre époque.

Sa verve un peu amère, son esprit toujours si juste et si mordant, rendent la critique plus rigoureuse à son égard que s'il s'agissait de M. Léon Laya.

Aussi, nous espérons qu'il ne nous gardera pas rancune de notre petite bouderie d'aujourd'hui.

Les Ivresses sont interprétées par deux grands artistes : mademoiselle Fargueil et M. Félix.

Comédien élégant, spirituel, distingué et justement adoré du public, M. Félix est le bout-en-train, le sauveur de toutes les pièces du Vaudeville.

Dans le nouveau rôle qu'elle vient de créer d'une façon si remarquable, mademoiselle Fargueil émeut et passionne avec ce talent qui en fait, — malgré les jaloux et les pessimistes, — la plus grande comédienne que nous ayons.

Le petit paradis de la rue de Provence, — lisez : les Délassements-Comiques, — a donné l'autre soir la première représentation de *la Reine Crinoline*, pièce féerique en cinq tableaux de M. Hippolyte Cogniard.

L'affluence était nombreuse ; en revanche, les places étaient de véritables merles blancs.

On offrait cinq louis pour une loge ;

Un louis pour un orchestre ;

Tout ce qu'il y a de gandins et de gandines, de our- nalistes et de comédiennes... de boudoir, encombrait le petit théâtre de M. Sari, qui était ruisselant de lu- mières, de blanc, de rouge et de jolies *phâmes*.

Le contrôleur était aimable ; le chef d'orchestre souriait à ses musiciens ; le lustre éblouissait, et le rideau lui-même avait l'air d'être rouge... de plaisir.

L'atmosphère était tiède et parfumée ; l'ange du plaisir et de la folie avait touché du petit bout de son aile chaque spectateur, — comme dirait Théodore de Banville, — on riait à gorge déployée, on applaudissait avec frénésie, on était heureux du succès, et chacun voulait l'augmenter encore.

M. Léon Sari a enfin retrouvé son heureuse veine dans le genre qu'il exploitait si habilement au Boulevard du Temple.

Sur une scène grande.... comme la bouche de mademoiselle F..., les palais, les forêts, les boudoirs, les rois, les reines, les jolis soldats, les princes charmants, en un mot, tout le monde enchanteur des féeries, s'assemble, disparaît et reparaît avec une rapidité et un luxe toujours empreint de charme et d'imprévu.

La Reine Crinoline, qui est l'ancien *Royaume des Femmes*, remis à neuf par MM. Hippolyte Cogniard et Ernest Blum, — qui a laissé au directeur des Variétés l'honneur de signer seul sur l'affiche, — est peut-être la pièce la plus amusante, la plus insensée, la plus folle que l'on ait jouée depuis longtemps.

Dans *la Reine Crinoline* les femmes font la guerre, l'amour et tout ce qui concerne l'état masculin.

Les filles d'Ève de ce pays cherchent à séduire tous les pauvres hommes, et, lorsqu'ils résistent, elles les enlèvent comme de vrais roués de la Régence.

Vous le voyez, le sujet est aussi comique que possible, et fait naître naturellement mille et un propos, à-propos et quiproquos, avec une fécondité qui nous rappelle, — dans un autre genre, — celle de mademoiselle Judith, de la Comédie-Française.

La pièce est jouée avec un ensemble qui foudroie le public ordinaire des Délassements-Comiques, et les couplets, autrefois si riches en *couics !* et en *couacs !* sont chantés avec une justesse désespérante.

L'Opéra n'a qu'à bien se tenir.

C'était au jeune âge de l'École-Lyrique, on jouait un vaudeville en trois actes.

A la fin du second acte, madame D... fit son entrée en scène.

« — Sapristi ! s'écria un gamin, il était temps qu'elle arrivât, celle-là, je commençais à crever de rire. »

LA CORRESPONDANCE DE M. VICTOR HUGO.

A Monsieur le rédacteur en chef du journal *le Théâtre.*

« On me dit, Monsieur, — *est-ce possible ?* — que ma carte ne vous a pas été remise là-bas.

« Je vous ai à peine vu dans le rapide éclair de Bruxelles, pourtant votre noble et cordial regard m'est présent et me suit.

« Vous avez magnifiquement rendu compte de ce

rendez-vous, où toutes les lumières venaient vers moi comme pour me consoler d'être dans l'ombre.

« Merci encore, *ex imo*.

« VICTOR HUGO. »

A M. Charier, artiste du théâtre des *Variétés*.

« Cher ami,

« Du fond de l'infâme caverne où les frères Cogniard, — les lâches ! — abusent de votre pauvreté pour vous faire jouer le bailli, dans *les Bibelots du Diable*, vous avez daigné m'écrire pour me demander l'autorisation de jouer le rôle de *Jean Valjean* à la Comédie-Française.

« Je vous l'accorde et vous remercie, convaincu d'avance qu'avec un interprète tel que vous, le succès est imminent.

« Je presse votre noble main.

« VICTOR HUGO. »

A mademoiselle Schneider, artiste dramatique.

« Belle et noble dame,

« Par une voix qui descend peut-être du ciel, j'ai appris que l'autre soir, en compagnie de mesdames Martine et Brigitte Aubry, vous aviez, entre deux cigarettes, fait le plus grand éloge de mon petit livre de poésie intitulé : *Les Orientales*.

« Il paraît que vous avez ajouté : « Si Hugo voulait

laisser retoucher un peu, par Albert Monnier, sa piécette de *Marion Delorme*, je la jouerais peut-être... pour lui faire plaisir. »

« O grande artiste ! tout mon petit bagage dramatique est à votre disposition, et si je ne vous en écris pas davantage, c'est que deux grosses larmes, — les perles de la reconnaissance, — viennent obscurcir ma vue.

« Votre fils bien-aimé,

« VICTOR HUGO. »

Après avoir lu cette correspondance, nos lecteurs nous traiteront peut-être de fou, — ou bien d'athée.

Que nos lecteurs se rassurent.

Nos vingt ans et nos précédents écrits sont presque une preuve de notre admiration bien sincère pour le plus grand poëte du monde.

Mais ce qui nous navre profondément, c'est :

1º Le nombre prodigieux d'autographes envoyés par M. Victor Hugo à des gens qui sont la risée de tout Paris ;

2º L'empressement que mettent ces mêmes gens à les publier et à vouloir s'augmenter, en ridiculisant ainsi l'illustre auteur de *Notre-Dame de Paris*.

Les trois lettres que nous venons de publier plus haut ne sont pas tout à fait une plaisanterie, ainsi qu'on pourrait le supposer au premier abord.

Une de ces lettres vient d'être *imprimée, signée* et *certifiée* en tête d'un petit journal.

L'indignation des gens sensés doit être extrême, et notre but aujourd'hui est de prévenir M. Victor Hugo de l'outrageant abus que l'on fait de la gloire qui rayonne autour de son nom !

M. Varney, un directeur aimable, un compositeur de talent, vient de reprendre, aux Bouffes-Parisiens, *Orphée aux enfers*, avec madame Ugalde, dans le rôle d'Eurydice.

Madame Ugalde chante la musique de Mozart, d'Auber, de Meyerbeer, de Victor Massé ou d'Offenbach, avec cette facilité, cette voix magnifique, ce talent original et cette désinvolture légèrement débraillée, sans être commune, qui en ont fait une cantatrice de premier ordre.

Sa voix large, sonore et admirablement timbrée, se plie avec un charme inouï aux plus grandes exigences musicales.

Devant chanter *Orphée* tous les soirs, madame Ugalde se ménage visiblement jusqu'à l'*Évohé !*

Mais une fois arrivée à ce morceau, qui est digne de nos plus grands compositeurs, la musique l'entraîne, la passion la déborde, l'amour de l'art et du beau lui causent une sorte d'ivresse qui lui fait chanter cet air avec une flamme, une verve, qui soulèvent la salle entière et lui font obtenir un véritable triomphe.

9.

Un bienfait n'est jamais perdu. — Nous sommes heureux d'apprendre à nos lecteurs que la bonté de mademoiselle Léonie Leblanc va enfin toucher sa récompense.

On nous assure qu'à la prochaine réunion de la Société des artistes dramatiques, M. le baron Taylor doit voter des remerciements et offrir à mademoiselle Leblanc une magnifique...... soupière en vermeil sur laquelle on doit graver les noms des TROIS CENTS sociétaires reconnaissants.

Pendant les répétitions d'*Othello* au renouveau Théâtre-Historique, l'auteur de cette pièce, M. Alfred de Vigny, était retenu chez lui par une assez grave indisposition.

Un figurant, impatienté de ne pas voir M. de Vigny, qu'il ne connaît pas, s'est écrié l'autre jour :

— En v'là un auteur qui fait sa tête ! Mais à Beaumarchais, j'ai joué une pièce de M. de Jallais, qui est bien plus connu que celui-là, et il venait tous les jours nous faire répéter.

Le lion du jour, le roi du moment, c'est M. Victorien Sardou.

Quel heureux homme que ce Sardou !

Son nom est dans toutes les têtes et sur toutes les lèvres.

Vos créanciers vous répètent sans cesse :

— Ah! si Monsieur avait la chance de faire une pièce comme M. Sardou.....

Entre deux baisers, votre maîtresse vous dit tout bas :

— Dieu! que j'aimerais bien mon petit trésor chéri, s'il faisait une jolie pièce comme Sardou..... ou s'il était seulement décoré..... comme Gustave Claudin.

C'est une rage, un délire, un enthousiasme qui rappelle les beaux jours d'Hugo, des deux Dumas, de Barrière, d'Octave Feuillet, etc., etc.

Le nom de M. Victorien Sardou brille en grosses capitales sur les affiches du Gymnase et du Théâtre-Déjazet ; dans quelque temps, il règnera de même à l'Opéra-Comique et au Vaudeville.

Si vous ouvrez un journal, le nom de M. Sardou vous saute immédiatement aux yeux.

Vos domestiques ou vos concierges vous demandent des congés pour aller voir *les Ganaches.*

La salle du Gymnase est louée pour un mois à l'avance.

Les directeurs sont aux pieds de M. Sardou ; les acteurs, sur son dos ; les actrices, sur son cœur.

On parle de porter les paletots, les pantalons, les gilets, les bretelles à la Sardou, et les habitués du café Véron assurent même que Siraudin a l'intention de porter les cheveux à la Sardou.

On bavarde, on commente, on cancane sur tout ce qui peut avoir rapport à M. Victorien Sardou :

Les boursicotiers assurent que M. de Rothschild vient de lui acheter 200,000 francs, ses droits des *Ganaches*.

Les jeunes filles se racontent entre elles qu'elles ont vu M. Sardou en rêve, et que c'est un adorable petit ange aux cheveux blonds frisés, aux ailes blanches, vertes et roses, et qu'il tient un arc à la main.

Enfin, l'*Indépendance belge* doit annoncer son prochain mariage avec la fille du Shah de Perse.

Le sort en est jeté!

Toutes les actrices de vaudeville, toutes ces jeunes et jolies filles à jupons courts qui faisaient la joie des fauteuils d'orchestre et des avant-scènes, désertent l'élégante bannière du flon-flon pour arborer le lourd drapeau du drame.

La verve de Siraudin, l'esprit de Dumanoir; les calembours de Michel Delaporte et les couplets de Clairville ne suffisent plus à l'ambition de ces fausses prêtresses de la gaudriole.

Adieu, les jolis airs de *l'Écu de six francs*, du *Temps heureux de la chevalerie*, de *Ces postillons sont d'une maladresse*, ou bien : *J'en guette un petit de mon âge.*

Vive le drame !

Vive le drame ! avec ses cris, ses pleurs et ses blasphèmes.

Vive le drame! avec ses homicides, ses parricides et ses infanticides.

Vive le drame! avec ses :

— « Vous pâlissez, colonel !

— « Taisez-vous donc, monsieur le comte, vous voyez bien que la foule nous observe.

— « A genoux, infâme ! à genoux !

— « Elle est folle ; merci, mon Dieu !

— « Ma mère! mon fils ! mon fils ! ma mère!

— « Malheureux !... c'est ta sœur... que tu as.... déshonorée ! »

Etc., etc.

Oui, vive le drame ! le drame à tout prix ! Tel est le cri qu'à l'exemple de mesdames Doche, Page, Duverger et Judith Ferreyra, mademoiselle Pauline Cico vient de pousser à son tour.

Le drame est donc une chose si facile et si amusante que toutes ces dames ont voulu ou veulent le prendre?

Tel n'est pas notre avis.

A qui, à quoi faut-il attribuer ces changements de genre?

La réponse est bien simple.

Jeunes, jolies et fêtées de toutes parts, les gracieuses pensionnaires du Vaudeville, des Variétés et du Palais-Royal, n'ont qu'une seule ambition :

La toilette!

Être couvertes de bijoux, de dentelles et de velours, tel est le rêve de leurs jours et surtout de leurs nuits.

Leur nom imprimé sur l'affiche de l'un de ces théâtres leur rapporte aussitôt une belle robe de soie ;

Une petite jupe de mousseline, enrichie de paillettes, leur produit un amour de petit chapeau rose ;

Enfin, un couplet.... à pointe, — comme disent les vaudevillistes, — fait pleuvoir sur elles les plus élégantes parures !

Voilà donc leur premier rêve accompli.

Mais une fois satisfaites de ce côté, un autre *hanneton*, — style Chavette, — vient s'emparer de leurs idées et voltiger dans leur modeste cervelle.

Un beau jour, au bois, mollement étendues dans leur huit ressorts, elles se disent tout bas, bien bas :

— Je suis heureuse, riche, c'est vrai ; mais Madeleine en a autant que moi... et Antonia aussi. Si j'étais dans un théâtre de drame, et la première, je serais seule dans la pièce, mon nom serait en vedette sur l'affiche ; j'aurais des appointements que je n'ai pas. .. Madeleine et Antonia crèveraient de jalousie.... Allons ! c'est bien décidé, demain je prendrai un professeur de déclamation ; dans quinze jours j'irai voir d'Ennery ou Séjour.

Et l'hiver prochain je débuterai à l'Ambigu ou à la

Gaîté; et... qui sait... j'enfoncerai peut-être madame
Laurent!

Et allez donc !

Dernièrement, le journaliste P.... faisait la cour à
une jeune actrice des Variétés.

— Il paraît que vous êtes une maîtresse adorable,
— lui disait-il.

— Qui est-ce qui a pu vous dire cela ?

— Oh ! beaucoup de mes amis.

VI

VI

Sommaire : Charles Monselet a toujours raison. — Retour de Mario à l'Opéra. — Les 80,000 livres de rente du comte de Candia. — Un auteur dramatique qui ferait des pièces pour se faire oublier. — Un jeune auteur et une vieille rosse. — Mlle X... vend ses meubles. — Dites donc : nos meubles. — La vogue de Mlle S..., des Bouffes. — Mlles Marquet et Schlosser. — Mlle S..., du Palais-Royal. — La reine du Jockey-Club. — *Le fils de Giboyer.* — Mme Plessy imite M. Alexandre Michel. — Mlle Fargueil. — Mlle Augustine Brohan. — *Les brebis de Panurge.* — M. Lafontaine fait la cour à Mlle Victoria. — Pas de bienveillance. — Balthazar du journal l'*Europe.* — Le style du *Siècle.* — MM. Dormeuil et Ce, obligés de faire représenter MM. Meilhac et Halévy, au Champ-de-Mars. — Un mot d'actrice. — Ton père est claqué. — Une femme de chambre à moitié embrassée par Siraudin. — Opinion sur *Salammbô.* — M. Sainte-Beuve. — L'Empereur au château de Ferrières. — M. Eugène Lami. — Le *Kadish.* — Une prophétie du baron de Rothschild. — La femme de chambre de Mlle T... et le *Diogène.* — La princesse de W..., folle de Siraudin. — Il refuse une montre. — Paul, je t'aime !

Monselet avait donc raison, lorsqu'en soupant avec Murger, chez Dinocheau, il s'écriait :

— L'ambition perd les artistes comme les princes !

M. Mario a voulu débuter à l'Opéra, et la chute a été si complète, qu'il ne manquait plus à Mario que d'être appelé *le mari de Gaëtana !*

M. Mario n'est pas à plaindre.

S'il n'a plus de voix dans le gosier, il a quatre-vingt mille livres de rente sur le grand-livre.

— Mais, la gloire ? nous dira le comte de Candia.

— Eh bien, mon cher comte, — lui répondrons-nous, — contentez-vous du charmant souvenir des triomphes du Mario d'autrefois ; ils sont assez nombreux pour rendre fière et heureuse une existence tout entière.

Dernièrement, un dramaturge célèbre — ce n'est pas M. Legouvé — disait à M. d'Ennery.

— Je voudrais que, pendant six mois, on pût m'oublier tout à fait.

— C'est bien facile, répliqua l'auteur de cent drames charmants. Vous n'avez qu'à faire des pièces.

On lit dans un numéro de la *Revue et Gazette des Théâtres :*

« Perpignan, 16 novembre 1862.

« Incessamment, *Pour le roi de Prusse,* opéra comique en un acte, paroles d'un amateur blanchi sous le harnais. »

Que dites-vous de cette expression : blanchi sous le harnais ?

Elle est charmante, d'accord.

Mais c'est égal, à la place de l'auteur en question, je ne serais pas très-flatté d'être traité comme une vieille rosse.

AU JOCKEY-CLUB.

LE MARQUIS DE P.—Vous savez, Messieurs, que X, du Palais-Royal, vend ses meubles.

LE DUC DE X.—Dites donc : Nos meubles.

La vogue de mademoiselle S... des Bouffes est compréhensible pour les uns et une énigme pour les autres.

Mademoiselle S... n'est ni laide ni jolie.

Le pas qu'elle danse dans *Orphée aux Enfers*, est loin d'avoir la grâce de ceux dansés par mesdemoiselles Marquet ou Schlosser, de l'Opéra, et son originalité est bien au-dessous des fantaisies rêvées et exécutées par Rigolboche ou quelque autre sylphide du Casino-Cadet, de Mabille ou du Château des fleurs.

— A quoi tient ce succès? me direz-vous alors.

La réponse est bien simple.

Depuis longtemps, — on parle de dix années, — mademoiselle S... était la maîtresse d'un jeune homme qui l'adorait.

10.

Pendant les premières années, tout alla le mieux du monde.

Ce n'étaient que baisers, pleurs, serments, disputes, enfin toutes les voluptés de l'amour.

Le petit couple s'adorait, c'était charmant.

Un jour, — *elle* voulut goûter comme ses amies des Bouffes, où elle chantait après avoir été coryphée à l'Opéra; elle voulut, disons-nous, goûter de cette existence dont l'or et les bijoux cachent la laideur et la honte.

L'ingrate oublia ses serments pour un cachemire et tout son bonheur d'autrefois pour un bracelet.

Dans une lettre bien froide, bien sèche, mademoiselle S... dit adieu à son amant.

Une minute après la réception de la missive, le pauvre garçon était fou; deux minutes après il s'était tué — en pardonnant à l'infidèle.

Or, tous les grands et petits marquis, vicomtes ou gandins, qui encombrent chaque soir les avant-scènes des Bouffes, se disent :

— Tiens, mais mademoiselle S... c'est cette petite pour qui un pauvre garçon s'est brûlé la cervelle dernièrement... Si. je l'invitais à souper... elle serait borne !... une femme pour qui on se tue... etc., etc.

Voilà tout simplement à quoi tient la vogue de mademoiselle S...

Cependant, je doute fort que mademoiselle S... soit complétement heureuse, dans ce monde qui préfère les bougies au soleil et les propos décolletés aux entretiens honnêtes.

Parfois, au milieu d'un éclat de rire — de commande — un spectre pâle et effrayant doit se dresser tout à coup devant elle, pour interrompre et glacer davantage cette gaieté factice.

Ce spectre, c'est le remords.

Et puis, à l'exemple de Clémentine, une petite, mais grosse et joyeuse créature que nous avons connue dans tous les théâtres du boulevard, et qui disait toujours : — Si un homme voulait se faire tuer pour moi, parole d'honneur ! je l'adorerais ; — mademoiselle S… adore peut-être son amant, maintenant qu'il est mort.

C'est son châtiment.

Mais chassons bien vite tous ces papillons noirs, secouons notre mélancolie, déchirons le crêpe qui couvre notre plume et oublions mademoiselle S… des Bouffes, pour nous occuper de mademoiselle S… du Palais-Royal.

En voilà une qui ne se fait ni mauvais sang, ni bile.

Elle est fraîche, jeune, jolie et séduisante au possible.

Elle laisse baiser ses jolis petits doigts roses par tous ceux qui lui plaisent… et même par ceux qui ne lui plaisent pas.

Quant à l'amour, elle ne veut pas en entendre parler : elle préfère le plus petit coupé à la plus grande passion.

Elle ne veut pas qu'on l'aime ; au besoin elle le défendrait.

— Vive le plaisir ! — crie-t-elle, — vivat pour les diamants ! Vivat pour les écrevisses à la bordelaise ! Vivat pour l'amour qui dure une heure ! Vivat pour les serments que l'on brise dans un franc éclat de rire ou que l'on noie dans un verre de Champagne !

A Chaillot, le platonique et la poésie… c'est des *blagues* tout ça !

Aussi vient-elle de vendre pour deux ou trois cent mille francs d'objets de toute sorte à l'hôtel Drouot.

Elle va placer cet argent-là ; puis, *la Reine du Jockey-Club* achètera un élégant château en Italie, où elle vivra heureuse, calme et bien tranquille, au bord d'un joli lac bleu.

C'est absolument ce que devrait faire Mario, qui, après avoir été chuté à l'Opéra, s'est fait rechuter trois jours après aux Italiens, au grand contentement sans doute de M. Gueymard, qui va chanter à sa place Masaniello de *la Muette de Portici*.

Le Fils de Giboyer vient d'obtenir, à la Comédie-Française, un véritable triomphe.

Nous ne pouvons que répéter avec tout le monde, combien l'œuvre nouvelle de M. Emile Augier, — le plus jeune des académiciens, — renferme d'esprit, d'originalité, de passion, et surtout... d'à-propos politique.

La pièce est admirablement jouée, à l'exception peut-être de madame Arnould-Plessy, dont le jeu, rempli de monotonie et de prétentieuse patelinerie, finit par devenir une chose véritablement insupportable.

Dans une soirée d'intimes, j'ai vu Alexandre Michel imiter madame Plessy.

Eh bien, l'autre soir, je vous jure qu'il m'a semblé que c'était madame Plessy qui faisait l'imitation d'Alexandre Michel.

Une comédienne qui est un peu de l'école de madame Plessy, c'est mademoiselle Fargueil.

Mais, si mademoiselle Fargueil possède dans son jeu une légère emphase, en revanche elle n'a rien de monotone et elle est une excellente actrice de comédie en même temps qu'une parfaite interprète du drame.

A l'exception de mademoiselle Augustine Brohan, —nous défions les plus grandes comédiennes de jouer *Les Brebis de Panurge* d'une façon aussi fine, aussi comique et aussi aristocratique que mademoiselle Fargueil.

Pas de bienveillance !

Tel est le cri que vient de pousser, en tête de son premier courrier de Paris, — dans L'EUROPE, — le nommé Balthazar.

Ce Balthazar — est le pseudonyme derrière lequel se cache une véritable canaille, un affreux bandit — de nos amis.

Nous ne vous apprendrons pas son vrai nom, afin de lui éviter une réclame ; nous nous contenterons de vous dire que ce misérable Balthazar a osé écrire dans son misérable feuilleton :

1º Que M. Victorien Sardou pillait ses pièces un peu partout ;

2º Que M. Carvalho ne jouera des opéras du prince Poniatowski, que dans l'espérance d'obtenir, — par cette influence, — une subvention de cent mille francs ;

3º Que *les deux Chiens de Faïence* n'étaient pas une œuvre vraiment littéraire, et que MM. Eugène Grangé et Lambert Thiboust étaient loin d'être de grands poëtes ;

4º Que mademoiselle Schneider n'est qu'une ancienne grisette de Bordeaux, qui n'aime que les diamants et... l'ail.

Enfin, une infinité de mensonges et de calomnies de ce genre, écrites dans un style charmant et débitées avec une verve et un esprit d'enfer.

Les habitués du Gymnase racontent que, pendant les dernières représentations des *Fous*, M. Lafontaine venait chaque soir, à l'orchestre, pour admirer et applaudir mademoiselle Victoria. De cette sorte d'admiration naquit bientôt une grande amitié, puis un autre sentiment plus tendre encore, et enfin, on annonce le mariage de M. Lafontaine avec mademoiselle Victoria.

M. Lafontaine a du talent et de la fortune.

Mademoiselle Victoria est une grande comédienne et, — ce qui est plus rare, — une vertu à toute épreuve.

Ils formeront donc, à eux deux, un couple qui réunira toutes les qualités nécessaires au proverbe : *Il faut des époux assortis.*

Le Siècle annonce, dans son bulletin des théâtres, que le succès des *Brebis de Panurge* et de *la Clef de Metella*, ne fait que grandir tous les soirs.

La croissance quotidienne de ce succès nous fait le plus grand plaisir, pour nos amis MM. Meilhac et Halévy ; cependant, nous les prions instamment de ne pas le laisser grandir ainsi tous les soirs.

Voyez-vous quel plaisir pour le public et pour les artistes si, le Vaudeville devenant trop petit, — MM. Dormeuil et Cᵉ allaient être obligés de faire jouer ce grand gredin de succès au Champ-de-Mars !

Comment sont les actrices chez elles ?

A peu près comme toutes les autres femmes, quand elles ne s'occupent pas de leurs costumes et n'étudient pas leurs rôles.

Lorsqu'elles n'ont personne pour les observer, elles poussent très-loin le laisser-aller du langage.

Elles prouvent qu'il y a fort loin, souvent, de la réalité de l'intimidité, à la sensibilité de convention qu'elles étalent parfois sur la scène.

Une actrice fort connue, — mademoiselle Z..., des Variétés, — rentrait dernièrement de sa répétition.

Elle trouve sa fille, âgée de douze ans, occupée à lire dans sa chambre à coucher.

Elle lui parle de choses et d'autres, de la pièce que l'on répète, des prétentions de ses camarades.

— Ah ! à propos, ma fille, dit-elle tout d'un coup en arrangeant ses cheveux devant une petite glace de Venise, tu sais que ton père est *claqué*.....

Dernièrement Siraudin, — toujours lui ! ! ! — va faire sa partie de dominos chez un prince.

En passant par un petit couloir tout tendu de soie rouge, il rencontre une délicieuse femme de chambre qui, frappée de la beauté de l'illustre vaudevilliste, lui sourit le plus agréablement du monde.

N'écoutant que ses instincts de grand seigneur, Siraudin lui offre cinq louis pour un baiser.

La jeune fille accepte ; mais à peine Siraudin a-t-il

posé sa lèvre purpurine sur le front de la jeune fille, qu'un bruit de pas se fait entendre et la femme de chambre s'enfuit comme un véritable oiseau.

A l'exemple de Guzman, Siraudin ne connaît pas d'obstacles ; il veut poursuivre la belle, quand tout à coup il se trouve en présence du maître de la maison :

— Cher prince, — lui dit-il ingénument, — n'auriez-vous pas rencontré, sur votre chemin, une femme de chambre à moitié embrassée.

Les opinions sur *Salammbô varient*, comme disait l'autre soir M. Émilien Pacini au Café de Paris.

Jamais peut-être, les optimistes et les pessimistes n'auront eu tant d'ouvrage à faire admirer ou déprécier une œuvre.

Nous n'avons pas encore lu entièrement *Salammbô*, et lors même que nous l'eussions lu complétement, nous n'oserions guère — non imposer — mais seulement faire connaître notre appréciation sur ce livre, qui restera, quand même, un chef-d'œuvre de style et d'érudition archéologique.

Les opinions sur le livre de M. Gustave Flaubert se croisent et s'entre-croisent, sans se ressembler pour cela.

Tous les avis sont divers.

Jamais concert d'éloges et de critiques n'a été aussi complet.

Nous dînions l'autre soir, avec trois ou quatre journalistes, dont un directeur de théâtre. Après avoir parlé des faux mollets de mademoiselle N... et des nombreux amants de mademoiselle D..., on parla de *Salammbô*.

Eh bien, voici les opinions de trois écrivains — que la discrétion nous empêche de nommer — mais dont les noms seuls vous feraient comprendre la valeur des avis.

Le premier. — *Salammbô* est un chef-d'œuvre ! C'est un livre immortel.

Le second. — Sans doute ; mais l'auteur aurait bien dû mettre une bataille de moins et ajouter une passion de plus.

Le troisième. — Écoutez : nous sommes seuls ; eh bien, selon moi, Flaubert est un bon garçon, *Madame Bovary* est un chef-d'œuvre ; quant à *Salammbô*, c'est crevant (*sic*).

Après avoir entendu ces trois messieurs, ô lecteur ! fais-toi une idée fixe.... si tu l'oses.

Un critique, un académicien de beaucoup de talent, M. Sainte-Beuve, a écrit dans le *Constitutionnel* deux remarquables articles sur le livre de M. Flaubert, et il résume son opinion par ces quatre mots :

« C'est plus fatigant qu'ennuyeux. »

On lit dans l'*Indépendance belge*, sous la signature Mané :

« Je ne conteste pas *Salammbô*, je ne conteste pas le *Fils de Giboyer* ; mais supposons, par impossible,

un Gustave Flaubert inconnu, un Émile Augier débutant. Que le premier apporte *Salammbô* à MM. Michel Lévy, et que le second présente le *Fils de Giboyer* au comité de lecture du Théâtre-Français!...

« Imaginons *Salammbô* précédant *Madame Bovary*
dans l'ordre des temps, et le *Fils de Giboyer* cherchant à se produire à l'heure de la *Ciguë*! Le résultat
serait un silence ou un charivari, et nous avons une
sérénade. »

Mané nous permettra de lui faire remarquer que ses
yeux et ses oreilles le trompent de moitié; car, s'il y a
sérénade, franchement, il y a aussi charivari.

De tout cela, il résulte que si M. Flaubert a de l'esprit — ce qui n'est ni contestable ni contesté — il a
a eu, cette fois, le grand tort de ne pas être de celui
de tout le monde.

— Et c'est le meilleur! a dit M. de Voltaire.

Comme Fouquet à Louis XIV, le baron de Rothschild vient d'offrir — dans sa nouvelle propriété de
Ferrières — une chasse superbe à l'Empereur Napoléon III.

L'Empereur est arrivé à dix heures au château, au
sommet duquel était déployé le pavillon impérial. Ce
qui voulait dire que, pour toute cette journée, l'Empereur était maître chez M. de Rothschild.

L'Empereur portait un costume de chasse composé
d'une veste et de larges braies en velours noir, guêtres

en vernis de même couleur, chapeau de feutre à l'anglaise.

Sa Majesté était accompagnée par MM. le comte Walewski, Fould, de Persigny, le prince de la Moskowa, le général Fleury, le baron de Thouvenel, Boitelle, préfet de police, le prince de Metternich, lord Cowley, le comte d'Espeuilles, officier d'ordonnance, le baron Delaage, porte-arquebuse de la vénerie impériale.

L'Empereur s'est promené dans le beau jardin qui s'étend devant tout le château.

En face des croisées, sur une pelouse, l'Empereur, suivant l'usage allemand qui est d'honorer la visite que l'on fait dans le domaine de son hôte en y plantant un arbre, a pris une bêche des mains du jardinier en chef et a planté un cèdre préparé à cet effet.

Le déjeuner avait été servi dans la grande salle surmontée d'un dôme vitré, qui forme le centre du château. La table était splendidement couverte en vaisselle plate, avec surtouts d'une ciselure remarquable et d'un service unique de porcelaine de Sèvres peint par Boucher. Le repas avait été confectionné par le célèbre Guignard. A la droite de Sa Majesté s'est assise madame la baronne de Rothschild, et à gauche, M. le baron.

Il était près d'une heure quand le déjeuner s'est terminé. La chasse a commencé aussitôt.

M. Varé, capitaine des chasses du baron, vingt

gardes en costume vert, et trente rabatteurs vêtus d'un costume gris de fer et chapeau en feutre, précédaient l'Empereur aux tirés.

Pendant cette chasse, qui a duré jusqu'à la nuit, deux cent cinquante pièces ont été abattues par Sa Majesté.

Au retour, une éblouissante illumination éclairait le château. Les chœurs de l'Opéra, sous la direction de M. Victor Massé, ont alors exécuté un chœur de chasseurs, dont la musique avait été écrite pour cette circonstance par Rossini.

Après avoir remercié et complimenté M. de Rothschild, l'Empereur, se tournant du côté de M. Eugène Lami, qui se tenait derrière le baron, l'a félicité sur le goût et le talent qu'il avait apportés dans l'embellissement du château et l'a nommé officier de la Légion d'honneur.

Les gardes, les piqueurs et tous les valets du château formaient la haie, et, tenant en main des torches, éclairaient le cortége depuis le perron jusqu'à la grille du parc. Toute la route était illuminée. A sept heures et demie l'Empereur rentrait à Paris. A huit heures il assistait, avec l'Impératrice, à la *millième* représentation de *la Dame Blanche* à l'Opéra-Comique.

A propos de M. de Rothschild, je me souviens de la prophétie suivante :

Dans la religion juive, à laquelle j'appartiens, la loi veut que le fils qui a perdu son père, prie pendant un an, matin et soir, pour le repos de l'âme du défunt.

Cette prière, qu'on appelle en hébreu : *Kadish*, se fait devant le tabernacle, près du fauteuil de M. de Rothschild qui, en sa qualité de fondateur du temple de Notre-Dame-de-Nazareth, est placé près du grand-rabbin.

Il y a six ans, — j'avais alors quinze ans, — j'eus le malheur de perdre mon père, et pendant toute mon année de deuil, matin et soir j'allais prier pour lui.

Un jour, c'était je crois pendant les fêtes de Pâques, le baron m'appela près de lui et me demanda mon nom.

Après qu'il m'eut adressé quelques interrogations, il se tourna vers le grand-rabbin et lui dit en me désignant :

— « Voilà un garçon qui a toutes les qualités nécessaires pour réussir. »

J'espère que la prédiction du baron de Rothschild sera plus exacte que celles de MM. Leverrier ou même Mathieu (de la Drôme).

Dernièrement, un employé du *Diogène* se présente chez mademoiselle T..., rue des Martyrs, pour toucher la quittance d'abonnement.

Il était onze heures du matin.

— A cette heure-ci, répondit la femme de chambre, mademoiselle T... est toujours chez son *ami*.

O mademoiselle T..., quand vous n'aurez pas besoin de votre femme de chambre, vous me la prêterez, n'est-ce pas ?

Voici une nouvelle qui va causer une véritable révolution dans le royaume des vaudevillistes.

Une femme jeune, belle, riche et noble, la princesse de W..., se meurt d'amour pour Siraudin.

C'est en vain qu'elle a prié l'auteur du *Bourreau des crânes*, du *Beau Léandre*, des *deux Frontins*, du *Tricorne enchanté*, du *Courrier de Lyon* et de cent autres jolies pièces, de venir manger un morceau chez Vachette, après le spectacle.

C'est en vain qu'elle lui écrit trois lettres par jour.

La vertu de Siraudin est inébranlable.

Enfin, hier, nous avons eu l'honneur de recevoir, aussi, une missive de la princesse de W... — Mais, hélas ! ce n'était pas pour notre propre compte !

Dans cette lettre, écrite avec du feu, la princesse nous avoue que, depuis quinze jours, elle dîne tous les soirs à quatre heures et demie, afin d'assister à la représentation d'*Epernay, vingt minutes d'arrêt !* un bijou de Siraudin au Palais-Royal.

Ce n'est pas tout.

La jalousie, — cette femme de chambre de l'amour,

— poursuit maintenant la princesse de W... jusque dans ses occupations les plus secrètes.

Enfin, nous l'avouons, — non sans rougir, — la princesse de W... nous a offert cinquante louis par mois, et le blanchissage... contre les murs, si nous voulions lui rendre compte, jour par jour, des principaux faits et gestes de Siraudin.

En toute autre occasion, ce *Javertinage* nous eût profondément répugné, mais ce n'est

Ni l'or ni les grandeurs

que nous ambitionnons.

Ce qu'il nous faut, c'est supplanter Siraudin !

Ce qu'il nous faut, c'est le cœur de la princesse de W ! ! !

Oui, nous espérons qu'à force de prévenances, de petits soins, de tendresses, de caresses, de sourires, de soupirs et de larmes ! la princesse aura pitié de nous et qu'elle finira par nous donner sa main à baiser, tandis que, d'un regard plein de dédain et de mépris, elle fera disparaître Siraudin dans le troisième dessous... des Variétés !

C'est donc uniquement pour lui plaire, et non par intérêt, que nous publions la semaine de Siraudin.

Ainsi :

Dimanche. — M. Siraudin est allé chasser chez son confrère M. de Saint-Remy.

A neuf heures du soir, il est revenu à Paris. M. Delacour l'attendait au chemin de fer.

Après l'accolade d'usage, ils sont allés boire une chope au café Véron, puis ils se sont séparés pour *creuser* leur revue du Palais-Royal.

Lundi. — M. Siraudin a été réveillé à neuf heures par une femme voilée qui venait lui apporter une chaîne, une montre et un poulet... cacheté.

Nous sommes heureux d'avoir à enregistrer que M. Siraudin a refusé le tout.

A onze heures, Siraudin est allé embrasser M. de Villemessant, qu'il n'avait pas vu depuis deux jours.

A trois heures, ils sont allés voir les petits poissons rouges dans le bassin des Tuileries.

Le soir, il est allé au Casino-Cadet avec Delacour. Parole d'honneur.

Mardi. — M. Siraudin a passé presque tout son temps à sa répétition du Palais-Royal.

Cette même journée a été célèbre par une violente discussion qui a eu lieu entre M. Hyacinthe et madame Thierret, à propos du *Fils de Giboyer*.

Tout l'avantage de cette discussion est resté à M. Coupart, qui n'a rien dit.

Le soir, M. Siraudin est allé faire une course avec Jules Moinaux, rue Joubert.

Mercredi. — A neuf heures, M. Siraudin a pris un bain russe, où il s'est fait frotter et parfumer comme madame D...

Le soir, il s'est rendu au Palais-Royal, où il avait une première représentation.

La pièce a obtenu un succès immense. Siraudin a été traîné sur la scène et couvert de fleurs.

A la sortie du spectacle, Siraudin a été enlevé par deux hommes masqués, qui, après l'avoir soigneusement garrotté, bâillonné et flanqué dans un carrosse, l'ont conduit ventre à terre au château de Bagnolet.

Après l'avoir laissé seul un instant dans le plus charmant boudoir du monde, une femme, vêtue d'un élégant déshabillé, est entrée ! . . . .

Malédiction ! c'était la princesse de W., qui s'écria en se jetant aux genoux de Siraudin :

— PAUL, JE T'AIME !

. . . .

. . . .

La justice n'informe pas.

VII

VII

1863. — L'esprit de Mlle Alice Théric. — Un mot de Beauvallet. — La manière de se faire donner un cheval noir. — Une mère qui joue au piquet avec votre cocher. — Darthenay. — M. Francisque Sarcey et le coup de pied de l'âne. — M. Albéric Second. — Mlle Léonie Leblanc et M. de Girardin. — *L'impuissance*. — Le *Figaro-Programme* et la suppression des *Diables noirs*. — MM. de la censure. — Mariage de M. Lafontaine et de Mlle Victoria. — Leur admission à la Comédie-Française. — Le bébé de Mlle F..., des Variétés. — Un enfant de cinq ans qui dit merci à tous les amis de sa mère. — Ce que c'est que les bonnes habitudes. — Le banquet Molière. — M. Eugène Moreau. — M. Latour Saint-Ybars et Mlle Rachel, au bagne de Toulon. — Mort d'Horace Vernet. — Un meuble de toilette qui a la forme d'un violon. — M. Léon Laya est content que M. Wolff soit condamné à mort. — Un directeur qui se contente de deux soufflets.

C'était au commencement des timbres-poste.

Mademoiselle Théric, qui était encore jeune, se présenta dans un bureau de poste, accompagnée de sa bonne, pour affranchir une lettre qu'elle envoyait à sa mère.

Mademoiselle Théric prit le timbre et fit partir la lettre ; mais son étonnement fut extrême en recevant une réponse de sa mère, dans laquelle elle lui reprochait de ne pas affranchir sa correspondance.

La jeune Alice, qui était furieuse, se présenta au bureau en criant à l'infamie, au vol !

Les employés de la poste répondirent à mademoiselle Théric que, si elle avait affranchi sa lettre, on n'eût pas fait payer le port à sa mère ; qu'aucun fait de ce genre ne s'était encore présenté, et qu'elle eût à se retirer.

— Eh bien, vous mentez ! s'écria la spirituelle comédienne, car voici mon reçu !

Et elle leur montra le timbre-poste qu'elle avait conservé au lieu de le poser sur la lettre.

Il y a quelque temps, Beauvallet, l'ex-sociétaire de la Comédie-Française, était en pourparlers avec un de nos principaux directeurs, pour créer un rôle dans un drame nouveau.

— Voyons, acceptez les yeux fermés, lui disait le directeur, vous savez si je suis bon, et large surtout, ce qui est bien rare aujourd'hui.

— C'est vrai, répondit Beauvallet, en regardant la bouche du directeur en question ; mais ce qui est une qualité pour un directeur est bien désagréable pour un bec.

La semaine dernière, mademoiselle L... descendait, toute triste, de chez son amant, qui venait de lui refuser un cheval noir dont elle avait grande envie.

Dans l'escalier, elle fit la rencontre d'un jeune gandin, assez joli garçon du reste, qui lui envoya le plus gracieux sourire.

Mademoiselle L... répondit, télégraphiquement, par un autre sourire plus gracieux encore.

— Est-ce que vous demeurez dans cette maison? demanda le jeune gandin.

— Non, Monsieur, répondit mademoiselle L..., mais je viens de chez M. G...

— Et c'est pour cela que vous avez l'air si chagrin?

— Figurez-vous, dit mademoiselle L..., le plus ingénuement du monde, qu'il vient de me refuser un joli petit cheval noir dont je rêve depuis hier.

— Ah! c'est très-laid !

— C'est affreux !

— C'est horrible !

— C'est épouvantable !

— Et combien coûte ce joli cheval noir?

— Cent louis.

— C'est une misère.

— Dites donc que c'est pour rien.

— Sans doute, et si vous vouliez me faire l'honneur de monter jusque chez moi, pour prendre la petite somme nécessaire, je me ferais un véritable plaisir de vous offrir ce charmant petit cheval noir.

— Vraiment !

— Je vous le jure.

Aussitôt proposé, aussitôt accepté. Mademoiselle L... pénétra chez le jeune homme, qui appartient à une de nos plus grandes familles et dont l'appartement était royalement meublé.

Il était onze heures du matin, le déjeuner du jeune homme l'attendait et il n'eut qu'à faire ajouter un couvert, car il fut convenu qu'on déjeunerait avant d'aller acheter le petit cheval tant désiré.

La conversation fut adorable, le repas délicieux.

Et, naturellement, il y a eu du dessert, comme disait Murger.

Mercredi dernier, à onze heures, Mademoiselle B... accompagnée de sa mère, se rendait, traînée dans un élégant coupé, chez le prince de X...

Mademoiselle B... seule monta, et sa mère, sa noble mère ! l'attendit dans la voiture.

Lorsque Mademoiselle B... descendit, je vous dirai que son étonnement fut immense, quand elle vit que le siége de sa voiture était complétement vide.

Pas plus de cocher que sur sa main.

Après avoir cherché son infidèle de tous les côtés, elle se décida à ouvrir, la portière et jugez de sa surprise quand elle vit que sa mère, ennuyée de l'avoir attendue aussi longtemps, avait fait pénétrer le cocher dans la voiture pour..... faire une partie de piquet !

Nous arrivons les derniers pour dire quelques paroles — bonnes et sincères, — sur la tombe à peine fermée de ce pauvre Darthenay.

Mais, qui sait ? notre retard ravivera peut-être, — ne fût-ce qué pour un jour, pour une heure, — le souvenir déjà mort d'un honnête homme, d'un bon camarade, d'un écrivain spirituel.

— On oublie si vite en France ! disait le bel Anglais Buckingham à la reine Anne d'Autriche.

Ceux qui faisaient tant l'éloge de Darthenay, ceux qui lui ont fait cent fois les remerciements qui sont dus à tout journaliste, pour quelques lignes d'encouragement ; ces directeurs de théâtre et ces comédiens, qui étaient si heureux, disaient-ils, de lui serrer la main ; enfin tout ce monde fardé, musqué et maquillé des coulisses, l'avait déjà profondément oublié le jour du service funèbre.

Ancien rédacteur du *Constitutionnel*, du *Siècle*, de l'*Estafette*, de la *Gazette de Paris*, du *Figaro-Pro*- et de l'*Entr'acte*, Darthenay avait su, par son extrême bonté, s'attirer une sympathie générale, mais une existence qui était loin d'être brillante.

Ce qui prouverait une fois de plus que la Fortune

est aveugle et que ses bienfaits suivent le hasard et... l'intrigue.

Il y a environ un mois, je rencontrai Darthenay sur le boulevard :

— Je vais avoir une petite pièce au Théâtre-Déjazet, j'espère que vous ne direz pas trop de mal de moi ? lui dis-je en riant.

— J'en dirai du bien, si vous me donnez deux places.

— Et si je ne vous les donne pas ?

— J'en... eh bien, j'en dirai du bien tout de même; me répondit-il en riant aussi.

N'est-ce pas que voilà un mot qui dénote bien le caractère le plus aimable et le cœur le plus excellent qu'on puisse imaginer ?

Cependant, aucune créature humaine n'est complète et l'âme la meilleure cache toujours un léger défaut : la perfection étant réservée aux anges.

L'autre soir, à une première représentation, on parlait de la bienveillance de Darthenay.

— Sans doute, sans doute, répliqua M. Francisque Sarcey; mais il n'était pas aussi complet qu'on veut bien le dire. Ainsi, moi, par exemple, je n'ai jamais ni vu, ni connu, ni parlé à Darthenay. Eh bien, au commencement de mes débuts dans le journalisme, alors que toute la presse s'escrimait contre moi, Darthenay a fait un jour comme les moutons de Panurge ; tout le monde me plaisantait, il m'a plaisanté, et au lieu de me tendre une main amie, il m'a donné « le coup de pied de l'âne. »

Nous sommes certain que M. Sarcey disait vrai; mais qui nous assure que d'autres, des trompeurs ceux-là, ne viendront pas à leur tour pour essayer d'amoindrir ou de déprécier le souvenir de ce pauvre et regretté Darthenay ?

Le monde éprouve le besoin de changer d'avis ; la réaction est nécessaire à son existence.

On aime à briser *aujourd'hui* les idoles d'*hier !*

M. Albéric Second, — le plus spirituel écrivain de l'*Univers... illustré,* — écrit dans sa chronique :

« Au Théâtre-Déjazet, on nous signale *Prise au piége,* spirituel badinage de MM. Henry de Kock et Victor Koning.

« M. Henry de Kock est aussi bien le fils de ses œuvres que le fils de son père Paul de Kock.

« Quant au jeune Victor Koning, il est l'enfant terrible du petit journalisme, et il n'y a pas lieu de penser, du moins jusqu'à présent, qu'il soit destiné à recueillir l'héritage de feu M. Darthenay. »

Nous remercions sincèrement M. Albéric Second, de sa gracieuseté à notre égard ; mais pourquoi diable nous fait-il une réputation aussi terrible ?

En lisant ces quelques lignes, je parie qu'un grand nombre de nos jolies lectrices d'Albéric Second, — qui ne me connaissent point — se figurent que je suis un horrible petit boucher, qui, après avoir retroussé ses manches, entre dans le non moins petit abattoir qui lui sert de cabinet de travail en disant avec la voix de Beauvallet :

— Et maintenant égorgeons nos contemporains !

Dans la *Presse* du 8 janvier, M. Émile de Girardin a écrit un long article intitulé : *l'Impuissance*.

En lisant le numéro de la *Presse*, en question, mademoiselle Léonie Leblanc s'est écriée :

—Je ne comprends pas bien tout ce que M. de Girardin dit sur l'Impuissance ; mais c'est égal, on voit qu'il est joliment renseigné là-dessus !

Mardi dernier, on lisait en tête du *Figaro-Programme*

« Le théâtre du Vaudeville reprend *Nos intimes*, l'un des inépuisables succès de M. Victorien Sardou.

« A l'intérêt qui s'attache à cette comédie si fine et si saisissante, se joindra la sympathie que le public témoigne au jeune auteur des *Diables noirs* et à l'habile administration du Vaudeville, depuis qu'une mesure que nous n'avons pas à juger a interdit définitivement la représentation d'un ouvrage sur lequel étaient fondées les plus légitimes espérances. »

Que *Les Diables noirs* soient défendus par la commission d'examen ou par un arrêté ministériel, le fait n'en existe pas moins, et la suppression de cette pièce resté définitive. La façon avec laquelle la nouvelle de cette interdiction a été accueillie prouve clairement :

1º Que les censeurs, usant de leur pouvoir illimité, fatiguent les auteurs dramatiques et coupent sans cesse les ailes à bien des jeunes talents, qui feraient peut-être revivre cette brillante époque des Hugo, des Balzac, des Soulié, des Dumas, etc., etc.

2º Toutes les sympathies inspirées par M. Victorien Sardou.

Je ne me permettrai pas de demander à la puissance qui vient d'interdire *Les Diables noirs*, quelles sont les raisons qui ont pu amener la suppression de cette pièce.

Je ne viens pas prétendre ici que la pièce de M. Sardou, que j'ai vu répéter entièrement, était aussi morale que *Les fables de La Fontaine* représentées dernièrement aux Folies-Dramatiques, non. Mais je soutiens, — moi et bien d'autres, — que *Les Diables noirs* pouvaient parfaitement sautiller et gambader sur la scène qui a vu les folies amoureuses de Margue-rite Gautier et les infamies de Marco !

Indépendamment de cette première question, que les lecteurs des *Diables noirs* vont résoudre, sans aucun doute, d'une façon toute différente de celle de la cen-sure, en voici une seconde qui n'est pas d'un médiocre intérêt :

Depuis bientôt trois mois, la direction du Vaudeville

montait cette pièce avec un soin qui lui a fait négliger toute autre occupation.

Le talent de l'auteur, le temps et la réunion d'artistes tels que Laferrière, mademoiselle Fargueil, Félix, Numa, Parade, etc., etc., prouvaient toutes les espérances fondées sur cette œuvre.

Personne ne l'ignore, la situation du théâtre du Vaudeville est aussi intéressante que possible — pour ne pas dire mauvaise ; — pour la seconde fois on comptait sur M. Sardou pour tout sauver.

C'était le verre d'eau après une longue journée de marche dans le désert ; c'était la colombe apportant la branche d'olivier.

Les bans du mariage de M. Lafontaine et de mademoiselle Victoria viennent d'être publiés à l'église Saint-Eugène.

Immédiatement après l'union de ces deux artistes, il est question de les admettre à la Comédie-Française.

Le talent de mademoiselle Victoria la désignait depuis longtemps pour cet honneur ; quant à M. Lafontaine, il ne sera nullement déplacé dans « la maison de Molière » — comme dit M. Samson, — et le rôle de Maurice de Saxe dans *Adrienne Lecouvreur* aura enfin trouvé l'excellent interprète qu'on n'a pu trouver surtout chez M. Maillart !

L'autre jour, A..., un jeune auteur dramatique, reçoit la visite d'une bonne portant un bébé de cinq ans.

C'était mademoiselle F..., une actrice des Variétés, qui lui envoyait son heureuse progéniture, avec une petite lettre, dans laquelle elle le remerciait d'avoir bien voulu ajouter un petit couplet à son rôle.

Après avoir lu le billet, A. voulut caresser l'enfant qui s'empressa de lui donner de vigoureux coups de poing sur le nez; pour l'amadouer un peu, A. lui offrit quelques dragées qu'il retrouva dans une petite coupe, sur sa cheminée.

Aussitôt, le petit gamin lui sourit le plus agréablement du monde et lui dit :

— Merci, papa.

Ce que c'est que les bonnes habitudes.

Pour la première fois, j'ai eu l'honneur d'assister au banquet Molière, qui a eu lieu le 16 janvier 1863, dans les salons des Frères Provençaux, sous la présidence de M. le baron Taylor.

Ce banquet, comme on le sait, a été institué par M. le baron Taylor d'après l'initiative de M. Berthier, pour réunir et célébrer chaque année, par tout ce que Paris renferme d'auteurs, de compositeurs et d'artistes dramatiques, l'anniversaire de la naissance de Molière, le grand comédien, le sublime poëte !

Ainsi que j'ai pu m'en apercevoir, l'appel de M. le baron Taylor a produit un grand effet, et

Messieurs :

Émile Augier, Jules Sandeau, Alexandre Dumas fils, Théodore Barrière, Victorien Sardou, Henri Meilhac, Léon Gozlan, Méry, Adolphe d'Ennery, Victor Séjour, Paul Meurice, Jules Barbier, Michel Carré, Saint-Georges, Cogniard frères, Ferdinand Dugué, de Leuven, Labiche, Mazères, Empis, Mario Uchard, Édouard Fournier, Clairville, Grangé, Siraudin, Delacour, Lambert Thiboust, Marc Fournier, Anicet Bourgeois, Paul Féval, Édouard Brisebarre, Bouchardy, Lockroy, Auguste Maquet, Auber, Félicien David, Semet, Gounod, Gevaërt, Offenbach, Beauvallet, Geffroy, Régnier, Got, Delaunay, Gueymard, Léon Achard, Montaubry, Laferrière, Lafontaine, Lesueur, Geoffroy, Arnal, Raynard, Numa, Félix, de Chilly, Lafont, Potier, Bataille, Colbrun, Paulin-Menier, Mélingue, etc., etc., etc., s'étaient empressés de : RESTER CHEZ EUX.

M. Samson a prononcé un discours plein d'esprit qui a été interrompu à chaque minute par les applaudissements de 120 personnes ; — sur lesquelles il y en a bien 100, dont j'ai cherché les noms en compagnie de Jules Cohen, sans pouvoir les trouver, et cela pour la bonne raison qu'ils étaient très-inconnus.

Le spirituel secrétaire de M. Hippolyte Cogniard, M. Eugène Moreau, a lu une pièce de vers faite par lui pour ce banquet. Cette pièce de vers, fort jolie du reste, a obtenu les honneurs de la soirée; la forme en est aussi fine, aussi spirituelle, aussi élégante que possible; quant au fond, oh! quant au fond, nous ne sommes pas complétement de l'avis de M. Moreau, car il tend à prouver que MM. Léonce ou Lassouche sont tout aussi dignes de porter la croix que MM. Ingres, Félicien David ou Émile Augier.

Ce à quoi M. Samson s'est empressé de répondre que si on lui offrait la croix et qu'il lui fallût abandonner pour elle « le grand art du comédien » il s'empresserait de la refuser.

Voilà LL. Exc. le ministre d'État et le grand-chancelier de la Légion d'honneur, — MM. le comte Walewski et l'amiral Hamelin, — entièrement prévenus.

Après le banquet, tous les convives se sont réunis dans un grand salon, pour prendre le café, et là, M. Ponchard père a chanté les plus jolis morceaux de son répertoire.

Somme toute, ce banquet a été loin d'être désagréable et

> Du haut des cieux sa demeure dernière

Molière n'a pas dû être mécontent.

M. le général Guédéonoff, ex-directeur des théâtres impériaux de Russie, a été aussi muet que possible;

MM. le baron Taylor et Samson n'ont pas prononcé le plus petit mot d'*argot* ;

Quant à M. Christian, il n'en a laissé échapper qu'une douzaine, au plus !

Le mot : *argot* que je viens de prononcer, me rappelle l'anecdote suivante :

Il y a quelques années, étant de passage à Toulon, l'illustre Rachel visitait le bagne de cette ville en compagnie de M. Latour-Saint-Ybars.

Au milieu de cette foule de forçats à figures plus hideuses, plus répugnantes les unes que les autres, il en était une jeune, — pleine de noblesse et d'expression — qui dénotait un véritable fils de famille.

Le jeune forçat en question regardait mademoiselle Rachel avec un aplomb qui la faisait tressaillir et une avidité qui prouvait qu'elle était connue de lui.

Mademoiselle Rachel se pencha alors vers l'oreille de M. Latour-Saint-Ybars et lui dit :

— Je meurs d'envie de connaître le crime de cet homme.

Toujours audacieux, mais avec une politesse rare, M. Latour-Saint-Ybars s'approcha du jeune homme et lui demanda s'il n'y aurait pas trop grande indiscrétion à vouloir connaître la cause qui l'avait malheureusement conduit au bagne.

Aussitôt, la figure du jeune forçat devint hideuse de méchanceté, et il répondit à M. Latour-Saint-Ybars :

— Je suis ici pour avoir tué moins de monde que vous n'en avez en…nuyé avec vos pièces !

La peinture vient de perdre une de ses plus grandes gloires.

Horace Vernet est mort, samedi dernier, dans l'appartement qu'il occupait à l'Institut, à la suite d'une longue et douloureuse maladie.

Né à Paris, le 30 juin 1789, il était par conséquent âgé de soixante-quatorze ans. Il était fils de Carle Vernet, célèbre peintre de chevaux et de batailles, petit-fils de Joseph Vernet, peintre de marine, et arrière-petit-fils d'Antoine Vernet, également peintre estimé, originaire d'Avignon. Avec lui s'éteint une dynastie d'artistes.

M. Horace Vernet ne laisse pas d'enfants. Sa fille unique, mariée à Paul Delaroche, est morte en 1845.

Il eut pour principal maître Carle Vernet, son père. En 1807, après un court séjour sous les drapeaux, il rentra dans la vie civile et se consacra tout entier à la peinture. Il se fit remarquer par ses premiers tableaux. En 1810, il composa le *Chien du Régiment* et le *Cheval du Trompette*.

En 1814, il fut décoré comme volontaire.

De 1817 à 1823, il composa *la Bataille de Tolosa, le Massacre des Mamelucks, les Batailles de Jemmapes, de Valmy, de Hanau, de Montmirail, la Barrière de Clichy, le Soldat Laboureur, le Soldat de*

Waterloo, la Dernière cartouche, la Mort de Ponia-towski.

En 1825, il donna le célèbre *Mazeppa* qui consacra sa popularité.

En 1827, il fut nommé directeur de l'école de Rome, à la place de Guérin, et partit pour l'Italie.

En 1836, il exposa au Salon quatre épisodes tirés des *Batailles d'Iéna, de Friedland, de Wagram* et *de Fontenoy.* Il peignit également un grand nombre de tableaux dont le sujet était emprunté à la guerre faite en Algérie. Il peignit aussi des portraits.

Il faut citer ceux de Napoléon Ier et de Napoléon III.

Horace Vernet était décoré de presque tous les ordres de l'Europe.

Les intentions formelles de M. Horace Vernet avaient été que ses obsèques fussent faites sans aucune pompe.

Sa dernière volonté a été religieusement respectée.

Cependant une foule immense, composée d'artistes et d'hommes de lettres, au nombre de plus de 500, étaient accourus à l'église Saint-Germain-des-Prés où avait lieu le service funèbre.

Une voiture de la cour, dans laquelle se trouvait un des chambellans de l'Empereur, et sept voitures de deuil, fermaient la marche.

Enfin, selon le dernier désir exprimé par le mourant, aucun discours n'a été prononcé sur la tombe d'Horace Vernet.

Et maintenant, sont doublement heureux ceux qui ont un tableau d'Horace Vernet, car ils possèdent un beau souvenir et une œuvre dont la valeur vient de centupler tout d'un coup.

A l'une des ventes de mademoiselle M., on raconte que, pendant un instant, le commissaire-priseur se trouva embarrassé; il ne savait quel nom donner à un objet qu'il allait mettre à l'enchère.

Enfin, après avoir retourné et examiné cet objet dans tous les sens, il cria :

— Un meuble de toilette en argent, ayant la forme d'un violon, et monté sur trois pieds d'ébène.

On lit dans *la Presse* du 18 janvier 1863 :

« La chambre criminelle de la cour de Cassel, vient de rejeter le pourvoi de Gigay, Ruff et Wolff, condamnés à la peine de mort par arrêt de la cour d'assises du Bas-Rhin, du 19 décembre 1862, pour assassinat et vol. »

M. Léon Laya, après avoir lu ces quelques lignes :

— Wolff, du *Figaro*, condamné à mort; c'est bien fait !

Un ancien directeur de théâtre, qui est sans doute parent de Calino, M. B..., se présente dernièrement dans un salon.

13.

A peine est-il entré, qu'un monsieur s'avance vers lui et lui flanque deux soufflets.

— Ah! sapristi! s'écrie M. B..., si ça doit continuer comme cela, j'aime autant m'en aller tout de suite.

VIII

VIII

M. Nérée Désarbres quitte l'Opéra. — C'est le ventre le plus gracieux que je connaisse. — M. Paul Dhormoys. — Les artistes qui font recette. — M. Samson et M. Mélingue. — *Don Pasquale*. — Mlle Patti et M. de Lamartine. — Le Chérubin du chant. — Les figurants des Italiens. — George Sand. — M. Sainte-Beuve. — Mon coco se déplume. — Une dame qui a des oranges sur sa cheminée. — Les potirons de Mme Thierret. — M. Paul Meurice. — Son style. — *François les-bas-bleus*. — M. Fiorentino et l'abus des annonces. — La suppression des travestis. — M. Léon Laya apprend le chinois pour lire l'espagnol. — M. Edouard Cadol. — *La Germaine*. — Comment le rédacteur en chef du *Figaro-Programme* venge les injures faites à M. Jules Noriac. — Mlle Pierson comédienne. — *Macbeth*. — Mlle Karoly. — Mlle X. et son chef d'orchestre. — L'héritage d'un oncle. — Le banquier et l'étudiant. — Ernest d'Hervilly. — Cinq ans après.

On assure que le secrétaire de l'Académie Impériale de musique, M. Nérée Désarbres, va être remplacé dans ses fonctions par M. Paul Dhormoys.

M. Paul Dhormoys est un homme d'esprit, mais

dont le caractère un peu calme et le physique un peu froid produiront peut-être un singulier effet auprès des dames du ballet de l'Opéra, qui sont légèrement railleuses.

Secrétaire pour l'Opéra, vaudevilliste pour le Palais-Royal, M. Nérée Désarbres avait su, au contact du chanteur Roger et du comique Hyacinthe, se composer un caractère qui tenait à la fois de l'homme du monde et du... cascadeur.

Toujours poli et obligeant, il s'était attiré les sympathies générales ; enfin, comme disait un jour mademoiselle Schlosser :

— C'est le ventre le plus gracieux que je connaisse.

Parlons maintenant des nouveaux engagements de la Comédie-Française.

En apprenant que M. Lafontaine et mademoiselle Victoria devaient être engagés comme sociétaires, avec part entière, MM. les artistes du Théâtre-Français se sont, dit-on, révoltés, et plusieurs démissions auraient aussitôt été envoyées.

Les appointements promis à ces nouveaux artistes, rendent furieux les anciens interprètes de Molière.

L'autre soir, j'ai entendu l'un d'eux qui disait ;

— Si nous nous contentons d'appointements modestes et d'être au second rang, ce n'est pas pour que des étrangers nous sautent par dessus les épaules.

Cette réflexion n'a qu'un fort léger point de justesse ; car je parie que bien des théâtres de second ordre, ne donneraient pas 6 ou 8,000 francs d'appointements à tel ou tel pensionnaire de la Comédie-Française.

— Mais, c'est une injustice énorme, vont crier M. A. ou M. B.; ainsi M. Samson a trois fois plus de talent que M. Mélingue et pourtant M. Mélingue gagne trois fois plus d'argent que M. Samson !

D'accord; mais dans les théâtres de drame la rétribution accordée n'est pas précisément celle qui est due au talent; mais bien celle qui est due à l'influence que ces artistes exercent sur la recette.

De cette influence est né le tant pour cent que l'on donne à MM. Frédérick-Lemaître, Laferrière, Fechter et Mélingue, qui sont avec mademoiselle Déjazet les seuls artistes qui « fassent recette. »

Bocage, dans ces derniers temps, n'avait plus cette influence, et M. de Chilly, qui le savait bien, ne lui donnait qu'un cachet de cinquante francs pour jouer le vieux marquis dans *les Beaux messieurs de Bois-Doré.*

Autrefois, au Palais-Royal, Arnal faisait recette avec un vaudeville en un acte, aujourd'hui il se contente de faire plaisir.

Il y a aussi les succès du nouveau, comme les débuts de M. Léon Achard ou de mademoiselle Patti.

Après les succès du nouveau ; il faut citer les succès de scandale.

Rigolboche a fait jouer cent vingt fois de suite *Folichons et Folichonnettes*, aux Délassements-Comiques !

Ainsi va le monde.

A propos de mademoiselle Patti, dont nous avons prononcé le nom plus haut, nous l'avons entendue, — pour la première fois, — dans *Don Pasquale*.

Comme physique, mademoiselle Patti ressemble à mademoiselle Céline Montaland et à mademoiselle Edile Riquier de la Comédie-Française.

Moins belle que la première, mais plus jolie que la seconde, mademoiselle Patti est une véritable petite merveille ; les sons les plus harmonieux, les vocalises les plus gracieuses et les plus difficiles s'échappent de son gosier avec une facilité et un charme presque céleste.

Si M. de Lamartine entendait mademoiselle Patti, il l'appellerait bien vite : Le Chérubin du chant.

Puisque nous sommes aux Italiens, permettons-nous une simple question à M. Calzado :

— A la laideur d'un opéra en habit noir, pourquoi ajouter d'aussi vilains figurants ?

Ainsi, au troisième acte de *Don Pasquale* — et à deux reprises — la scène est couverte d'hommes habillés à la dernière mode de la Belle-Jardinière.

Quant aux femmes, ô mon Dieu, c'est bien simple, comme dit Brasseur dans *La Mariée du mardi-gras* :

une simple fleur dans les cheveux , un peu de rouge sur les joues et sur le bout du nez, voilà toutes les grâces qu'elles daignent exhiber.

— Triste, triste, triste ! ont dû se dire mesdames de Tourbey et Émilie Dubois, qui paradaient ce soir-là aux Italiens.

Cependant, si M. Calzado pouvait nous répondre que samedi dernier, tous ses choristes , hommes et femmes , étaient en soirée et qu'ils s'étaient fait remplacer par leurs valets de chambre et leurs cuisinières, nous le prierions de regarder comme nulle notre indiscrète question.

George Sand a écrit dans *la Presse* un remarquable article sur *Salammbô*.

L'article de l'illustre romancier est un monde d'éloges, de finesse et d'esprit ; mais — il y a un mais, — elle termine son appréciation en disant que M. Flaubert est un malin.

Loin de nous la pensée de critiquer cet illustre auteur que madame Arnould Plessy a surnommée « la reine de la langue ! »

Mais, avouez franchement que cette expression est un peu, un tout petit peu légère dans la bouche de la petite fille naturelle du maréchal de Saxe, dans l'esprit de l'auteur immortel de *Mauprat*, de *Valentine* et d'*Indiana*.

Nous ne souhaitons qu'une chose, c'est que cet

14

exemple n'ait rien de funeste et qu'un jour, en voyant combien il perd ses cheveux, M. Sainte-Beuve n'aille pas s'écrier :

— C'est égal, mon coco se déplume !

On lit dans le *Figaro-Programme*, sous la signature de Timothée Trimm :

« Il existe une locution populaire qui, pour traduire les avantages d'une dame comblée d'appas, affirme qu'elle a des oranges sur sa cheminée.

« L'expression est triviale, mais pittoresque ; — elle a cours dans les meilleures sociétés... à l'heure du champagne frappé.

« Mais les amateurs de la plastique ont divisé ces beaux produits en catégories.

« Il y a *le Portugal*, qui est un fruit volumineux.

« Il y a *la Valence*, dont la forme est plus orientale qu'européenne.

« Il y a *la Maltaise*, ronde comme la pomme du jardin des Hespérides.

« Puis enfin *la Mandarine*, mignonne, fine, aristocratique, la plus estimée de toutes. »

Timothée Trimm nous permettra de lui dire que, bien souvent, les appellations de *le Portugal* ou de *la Mandarine* ne peuvent suffire, et qu'il peut sans crainte employer une infinité d'autres expressions qui appartiennent aussi au règne végétal.

Ainsi, pour être juste, il faudrait dire que :

Madame Thierret a des *potirons;*

Madame Madeleine Brohan a des *melons;*

Mademoiselle Blanche Pierson a des *pommes;*

Mademoiselle Judith Ferreyra a des *cornichons;*

Mademoiselle Rose Deschamps des *groseilles;*

Mademoiselle *** n'a *rien du tout...*

Un véritable événement c'est le nouveau drame de l'Ambigu-Comique.

Depuis que l'on joue cette pièce, le théâtre de M. de Chilly est orné chaque soir d'une longue file de carrosses, dont les laquais sont plus chamarrés que l'habit du grand roi qui joue dans la pièce de M. Paul Meurice.

Les équipages appartiennent à « de grandes dames, de bien grandes dames! » comme on dit dans *la Tour de Nesle,* qui viennent admirer : la gracieuse perruque blonde, les deux grands yeux noirs, les trente-deux perles blanches, et les jolis petits bas couleur du ciel, de ce petit *François les-bas-bleus,* représenté à merveille par madame Marie Laurent, la reine du boulevard !

L'auteur du nouveau drame, M. Paul Meurice, est un des rares dramaturges dont l'esprit et le style se ressentent encore de la fameuse révolution littéraire de 1830.

Disciple fervent d'Hugo, ami et collaborateur de George Sand, de Dumas et de Vacquerie, M. Meurice a pris au contact de ces grands écrivains un genre dont il est pour ainsi dire le dernier soutien.

Hamlet, Paris, Benvenuto Cellini, Fanfan la Tulipe, les beaux Messieurs de Bois-doré, et *François les-bas-bleus*,

Prouvent que M. Paul Meurice est un dramaturge habile, un styliste distingué.

Peut-être le style de M. Meurice est-il un peu cherché, un peu précieux, il abuse peut-être aussi : du soleil, des fleurs, et du bon Dieu.

Mais ce n'est pas un bien grand-crime.

Lorsqu'il s'agit de tout autre chose que de mademoiselle Nelly, M. Fiorentino parle presque toujours juste, — et cette fois plus que jamais. Lorsqu'un artiste a jeté au public, — au milieu d'un tonnerre de bravos — un nom aussi aimé que celui de M. Paul Meurice, je vous prie de croire qu'il m'est fort indifférent de savoir si la musique des entr'actes est de M. Nicodème, les décors de M. Mistenflûte, et les machines de M. Chrysostôme.

Cet usage ne devrait exister que pour les féeries, où les trucs se disputent la victoire avec les couplets, — et encore !

Si une musique vous a paru mélodieuse, un décor magnifiquement peint, eh bien, n'est-on pas libre d'aller lire l'affiche où nous admettons que tous les noms doivent être inscrits?

Il nous semble que cette gloire-là est bien suffisante et que dans le cas contraire, il n'y aurait aucune raison pour ne pas nommer chaque soir de première et cela pendant une heure, avec les noms:

Du musicien, du décorateur, du costumier, et du machiniste, ceux : des chapeliers, des coiffeurs, des cordonniers, des domestiques, des femmes de chambre, des habilleuses, etc., etc., etc.

Le comité d'examen ne s'endort pas sur la suppression des *Diables Noirs*, et l'on assure qu'il va défendre, au théâtre : les Travestis

Ce serait tuer les féeries et les petits princes charmants, ces petits princes qui font rêver les jeunes filles de douze ans !

Ce serait tuer tout le répertoire de mademoiselle Déjazet !

Espérons que la commission réfléchira.

On lit dans *l'Europe* du mercredi 4 février 1863 :

« Vient d'arriver directement de la Havane:

« Cigaros de Cabanas y Carbarjal, Carbaja, Partagas Aromatica, Intimnida, Rio Honda, Désigneo, Angelita, Cosmopolitta, Orion, Asmena. »

Nota. — M. Léon Laya apprend le chinois pour traduire cette annonce.

14.

Le Vaudeville a donné *la Germaine*, trois actes de M. Edouard Cadol, un jeune, comme disent ceux qui ont trente ans.

Le soir de cette première, aucune banquette n'a été cassée, l'auteur n'a pas été traîné sur la scène par deux acteurs déguisés en gendarmes, et la salle ne s'est pas écroulée sous le bruit des applaudissements.

Mais, si la satisfaction du public n'a pas été bruyante, elle n'en a pas moins été très-douce, très-bonne et très-légitime.

M. Edouard Cadol n'avait encore écrit que quelques courriers dans le *Journal de Francfort*, courriers dans lesquels il adressait, sans aucune raison, les injures les plus blessantes à un écrivain qui, par son esprit et son extrême bonté, avait droit, sinon à son admiration, tout au moins à une respectueuse confraternité.

Aussi, cet écrivain si maltraité par M. Edouard Cadol, a-t-il fait dans son journal le compte-rendu le plus doux, le plus bienveillant et le plus spirituel que M. Cadol ait pu souhaiter à sa *Germaine*.

Voilà comment le rédacteur en chef du *Figaro-Programme*, venge les injures faites à M. Jules Noriac.

Le principal événement de *la Germaine*, a été mademoiselle Pierson.

Jusqu'à ce jour, quand mademoiselle Pierson jouait dans une pièce, toute la presse s'extasiait sur les jolies petites quenottes blanches, les grands yeux bleus et les admirables cheveux blonds de cette charmante pensionnaire du Vaudeville.

« Dieu, quelle est jolie ! » criait-on de toutes parts ; et on l'a tant crié que mademoiselle Pierson a fini par se fâcher.

Oui, se fâcher.

— C'est ennuyeux à la fin, s'est-elle écriée un beau jour, d'entendre toujours dire : comme la petite Pierson est jolie ! Est-ce qu'ils croient que je n'ai pas de talent aussi, et que, si je voulais, je ne jouerais pas la comédie tout aussi bien que mademoiselle X... ou mademoiselle Z... ?

Ce qui fut dit fut fait ; et la petite espiègle a joué *la Germaine* avec une grâce, un charme et un véritable talent, qui va faire crever de rage toutes les Ferreyra et les Montaland qui encombrent nos principales scènes.

Bravo, mademoiselle Pierson, bravo !

La reprise de *Macbeth*, à l'Odéon, a produit un grand effet ; et le public, — ce public que l'on dénigre tant, parce qu'il daigne sourire aux *pièces à femmes*, — a fait un véritable triomphe à ce drame impérissable qui déchire l'âme.

Nous ne raconterons pas à nouveau cette pièce anglaise qui doit vous être aussi connue que les tragédies de Corneille et de Racine.

Nous nous contenterons de dire que la nouvelle traduction de M. Jules Lacroix est si belle, si élégante et si simple en même temps, qu'elle a presque le mérite d'un chef-d'œuvre nouveau ;

Il est vraiment regrettable de mettre de jolis vers dans la bouche de mademoiselle Karoly, car on n'entend pas un mot de ce qu'elle dit.

Notre remarque est tellement vraie, qu'après chaque acte, M. Nestor Roqueplan nous faisait lui raconter une petite histoire, pour voir s'il ne devenait pas sourd.

Quand je pense qu'à l'apparition de cette tragédienne, plusieurs grands critiques se sont permis d'écrire qu'elle allait remplacer Rachel !

Remplacer Rachel ! comprenez-vous cela ? mais c'est tout au plus si mademoiselle Karoly pourrait remplacer M. Raphaël-Félix.

Il y a deux jours, sur le boulevard Montmartre, une actrice, mademoiselle X..., rencontre sa bonne amie S... (lisez Schneider), du Palais-Royal.

Voici le dialogue qui s'établit aussitôt entre ces deux demoiselles, qui sont chacune dans leur coupé :

Mademoiselle S... — Dis donc, Bébé, on m'a dit que tu allais te marier, est-ce vrai ?

Mademoiselle X... — Mais oui.

Mademoiselle S... — En v'là une idée, de se marier !

Mademoiselle X... — Pourquoi donc, ma chère ? Mon futur est un garçon charmant : il est jeune, il a beaucoup d'esprit, de talent, il est doux, il est tendre, nous nous adorons, faut voir ça !... Et puis... et puis, après tout, tu comprends, s'il m'en...nuie, je l'enverrai... *dinguer*.

Pardon lecteur !

Garanti historique.

Heureusement, le mariage n'a pas eu lieu, car il paraît que, depuis un mois, « le garçon charmant, » qui est un chef d'orchestre de talent, ayant ennuyé mademoiselle X, elle l'a envoyé.....

Précisément.

Un oncle meurt.

Théodore, le neveu, se précipite d'Asnières à Paris, pour prendre connaissance du testament ; mais jugez de son désappointement lorsqu'il voit que la feuille timbrée si impatiemment attendue, ne contient que cette phrase :

« Je lègue à mon Théodore chéri, une place dans mon caveau à perpétuité. »

— Vous avez reçu mon invitation à déjeuner pour dimanche ?

— Oui, aussi j'accepte... par anticipation.

— Comment cela,

— Invitez-moi à dîner ce soir.

Permettez-moi, pour terminer ce chapitre et pour remercier un ami, de reproduire dix vers d'Ernest d'Hervilly, un jeune poëte de talent, un collaborateur spirituel au *Figaro*, au *Nain Jaune* et au *Diogène*.

APRÈS CINQ ANS:

A Victor Koning.

Le voyageur bronzé, sur la natale plage
Hier a débarqué, le cœur jeune, amoureux.

Celui qu'on vit partir jadis de son village
Y va rentrer ce soir, les souliers poudreux.

A la dernière étape, il s'arrête, et l'hôtesse
Conte que le pays a banni la tristesse
A cause de Manon qu'on marie aujourd'hui.

Le voyageur bronzé voit tout autour de lui
Tourner rapidement, puis se remet en marche.
. . . .
Le lendemain son corps s'arrêtait contre une arche.

ERNEST D'HERVILLY.

IX

IX

Les espérances de l'année 1863. — La retraite de M. Samson. —
M. Bressant. — Almaviva en perruque grise. — Une vieille ganache. — Un grand génie. — Frédérick-Lemaître. — Le drame
de M. Sauvage seul. — Mon château au bord du lac de Côme. —
M. Peragallo et l'aimable Mme Porcher. — Les témoins du mariage
de M. Lafontaine et de Mlle Victoria. — Ra, ta, plan, plan, tra,
tra, tra, tra. — Soldats, je suis content de vous. — *Marengo*. — Le
général Hostein. — Un jeune journaliste et une actrice des Variétés.
— *Le Mariage d'Olympe*. — Un chef-d'œuvre désagréable. — *La
belle Gabrielle*. — La jolie Pagette. — *La Mule de Pédro*. — M. Victor
Massé. — M. Faure. — Mme Gueymard-Lauters. — Le fond de
Giboyer. — *Les Noces du diable*. — L'intérieur des Délassements-
Comiques. — L'affaire Garcia-Calzado. — La belle Julia Barucci.
— Un ténor malgré lui. — Les trois hommes rouges. — *Guillaume
Tell* et la chanson du *Pied qui r'mue*. — M. Alphonse Royer. —
M. Villaret. — M. Albéric Second à la *Nation*. — Un miroir
à quoi ?

Si le présent du monde dramatique n'est pas très-
brillant, en revanche l'avenir nous apparaît « sous les
plus délicieuses couleurs, » comme dirait M. Paul de
Saint-Victor.

15

L'année 1863, à peine commencée, verra peut-être :

L'Africaine, de Meyerbeer ;

Les Troyens, d'Hector Berlioz, au Théâtre-Lyrique ;

L'Ami des Femmes, de M. Alexandre Dumas fils, au Gymnase ;

Le Neveu de Rameau, de Jules Janin, sur l'un de nos théâtres ;

Cinq actes de M. Victorien Sardou à la Comédie-Française ;

Cinq..... c'est-à-dire, non, un petit..... Lafontaine-Victoria.....

Mais nous ne répondons de rien.

Une chose que nous pouvons affirmer, c'est le départ de M. Samson de la Comédie-Française.

Des personnes... influentes avaient bien voulu prévenir M. Samson, que s'il consentait à abandonner le théâtre, il pouvait compter sur la croix de la Légion d'honneur.

Hier encore, à la fin du banquet Molière, l'excellent comédien jurait à ses amis réunis, qu'il mourrait sur les planches, et que ce n'était que sur les planches qu'il consentirait à accepter cette dignité.

Cette retraite nous paraît un peu prématurée et le doyen de la Comédie-Française a peut-être réfléchi...

que... qui... mais ne cherchons point querelle à M. Samson sur son retour.

Le marquis d'Auterive a tant de talent qu'il faut tout lui pardonner, même ses petits serments après boire.

Une chose plus étonnante encore que la retraite de M. Samson, c'est le nom de son successeur dans ses rôles.

— Voyons, lecteur, par qui croyez-vous que M. Samson va être remplacé ?

— Par M. Mirecourt ?

— Non.

— Par M. Talbot ?

— Non.

— Par M. Barré !

— Non, non, non.

— Ma foi, je donne ma langue...

— Ne la donnez pas, je vais tout vous dire : M. Samson va être remplacé par M. Bressant !

Oui, par M. Bressant, qui répète en ce moment les rôles de M. Samson dans *le Fils de Giboyer* et dans *mademoiselle de la Seiglière*.

Peut-être est-ce l'entrée de M. Lafontaine à la Comédie-Française, le 1er avril, qui a décidé M. Bressant à changer ainsi son emploi, nous n'en savons rien.

Quoi qu'il en soit, nous souhaitons beaucoup de succès à M. Bressant dans son nouveau genre.

En apprenant cette nouvelle, que de larmes vont verser les timides pensionnaires, les chastes jeunes filles à marier, qui s'endormaient en rêvant un petit mari leur souriant tendrement avec les yeux de Léandre, ou leur disant : « Je t'aime ! » avec la voix si charmante de Don Juan.

Almaviva avec une vieille robe de chambre de soie puce, une vieille perruque grise et une vieille canne pour soutenir le tout...

J'avoue avec mesdemoiselle de*** que c'est à en devenir *folle*.

Si le ministre l'avait voulu il y avait bien un moyen d'éviter la perte de toutes ces jeunes cervelles et surtout de ce charmant séducteur.

C'était d'engager — en le couvrant d'honneurs — un comédien que les sots appellent tout bas :

— *Une vieille ganache.*

Mais que les gens d'esprit appellent tout haut :

— *Un grand génie.*

J'ai nommé Frédérick-Lemaître !

Le directeur de l'Ambigu-Comique adresse la lettre suivante à tous les journaux de Théâtre :

« Monsieur,

« La pièce que M. Maquet prépare pour le théâtre de l'Ambigu-Comique ne doit être jouée que l'hiver prochain. C'est donc à tort que quelques journaux ont annoncé qu'il était l'auteur de l'ouvrage qui entre en ce moment en répétition.

« Le drame *l'Otage*, est de M. Th. Sauvage seul.

« Veuillez donner place à ces quelques lignes dans votre prochain numéro.

« Agréez mes salutations empressées.

« DE CHILLY. »

Le lendemain de la réception de cette missive, nous avions l'honneur d'adresser la réponse suivante à M. de Chilly :

« Mon cher directeur,

« Ayant de nouveaux embellissements à faire dans le château que je possède au bord du lac de Côme, je viens vous prier de demander en mon nom, à M. Auguste Maquet, s'il consentirait à m'abandonner la moitié des droits qu'il va toucher chez M. Peragallo et chez l'aimable madame Porcher, pour le drame de M. Théodore Sauvage seul.

« Agréez, mon cher directeur, l'expression des sentiments les plus distingués de votre tout dévoué, etc., etc.

Le mariage de M. Lafontaine et de mademoiselle Victoria a été célébré au milieu d'une foule d'artistes de tous genres.

C'était la célébrité qui venait admirer et rendre hommage à la célébrité.

Les témoins des deux époux étaient :

MM. Alexandre Dumas fils, Henri Martin, Victorien Sardou, De Prémonville.

Aussitôt la célébration du mariage, les nouveaux époux sont allés passer leur lune de miel au château de Saint-Fiacre.

Mademoiselle Victoria est une artiste de beaucoup de talent.

M. Lafontaine est un excellent comédien et un de mes meilleurs amis; à ce double titre je leur souhaite à tous deux, l'union la plus douce, la plus charmante, la plus durable qu'on puisse imaginer.

— Soldats, vous êtes trois mille et vous êtes sans souliers; l'armée ennemie compte trente mille hommes, bien nourris, bien vêtus; attaquez-les bravement comme vous l'avez fait vingt fois, et que la France dise demain comme aujourd'hui, aujourd'hui comme hier : « Nous sommes fiers de nos soldats, » en avant !

— Vive le Premier Consul !

— Vive Bonaparte !

Ra, taplan, plan, plan, plan, tra, tra, tra, tra tra, tra, tra. (Un moment de silence).

Pif ! paf ! pan ! pan ! pan ! pif ! paf ! paf ! pan ! pan ! pif ! boum ! boum ! pan ! pan ! boum ! boum ! pif ! pif ! pan ! pan !... boum !... boum !

Tra, tra, tra, tra, tra, tra, tra, tra.

Ra, ta, plan, plan, plan, plan, plan !

.   .   .   .

— Soldats, vous venez de gagner une victoire qui sera une des plus belles pages de l'histoire. Vous avez fait vingt mille prisonniers et enlevé plus de dix drapeaux. Soldats, je suis content de vous !

— Vive, Bonaparte !

— Vive le Premier Consul !

— Enfants, criez avec moi : vive la France !

— Vive la France !

Les officiers tirent leurs sabres, les soldats brandissent leurs fusils et entourent le cheval blanc du Premier Consul. Feux de bengale.

Tableau.

Tel est, cher lecteur, le compte-rendu exact et détaillé de toutes les pièces de guerre que l'on représente depuis vingt-cinq ans sur la scène du Cirque-Impérial.

Dans ce genre de pièces, l'esprit est remplacé par les coups de fusil, et l'intrigue par le bruit du tambour et du canon.

La veille de la première représentation de *Marengo*, on demandait à M. d'Ennery s'il était content de son nouveau drame.

— Quel drame? répondit-il.

— De *Marengo*, parbleu.

— Ah ! vous voulez parler de ces petites scènes qui se passent près du trou du souffleur en attendant qu'on prépare la bataille, derrière une petite toile de fond.

— Oui.

— Ah! c'est différent, eh bien… Ces batailles sont superbes et je crois qu'elles feront beaucoup d'effet.

Voilà l'opinion d'un auteur sur sa propre pièce militaire.

M. d'Ennery est trop modeste.

Jamais pièce militaire n'a été montée avec un luxe semblable à celui que M. Hostein vient de déployer pour *Marengo*.

Il y a surtout un passage du Mont-Saint-Bernard qui est une véritable merveille, et qui donnera bien des cauchemars à M. Marc-Fournier, le rival aujourd'hui vaincu, de M. Hostein.

— Décidément, disait le maréchal Magnan pendant un entr'acte, M. Hostein est un grand général.

Les tableaux de Milan, Montebello et Marengo sont des chefs-d'œuvre de luxe et de vérité.

Quant au ballet, M. Honoré en a fait d'assez jolis pour que nous lui disions que le dernier qu'il vient d'imaginer, est complétement manqué.

Les costumes sont cependant dessinés et exécutés avec un goût et une légèreté pour lesquels nous félicitons sincèrement la directrice anonyme : Madame Clara C…

Marengo obtiendra un nombre incalculable de représentations. C'est un drame que l'on peut revoir avec plaisir, surtout maintenant qu'il ne finit plus à deux heures du matin.

Enfin, comme Bonaparte à ses soldats, le public peut dire à MM. d'Ennery et Hostein :

— Je suis content de vous !

Un jeune journaliste était poursuivi par une — moins jeune — actrice des Variétés.

— Je vous adore, lui disait-elle.

— Vous vous trompez.

— Non.

— Si.

— Votre amour m'a...

— Refait une virginité, merci je n'y tiens pas tout de même.

— Êtes-vous méchant !

— César Borgia n'était rien auprès de moi.

De guerre lasse, le jeune homme finit par trouver une ruse afin de se débarrasser de mademoiselle X... et surtout de sa passion.

Tout le stratagème était dans cette lettre qu'il écrivit, en bénissant le ciel d'avoir trouvé une aussi heureuse idée :

« Mademoiselle,

« La jeunesse est facile à tromper, et mon cœur se laissait déjà prendre à vos protestations amoureuses.

« Heureusement, le ciel en a décidé autrement. Dieu a eu pitié de moi.

« Hier, par le plus grand des hasards, j'ai appris que votre dernière passion avait été M. Gil-Pérès.

« Certes, M. Gil-Pérès est un comédien dont j'estime le talent ; mais vous comprendrez que ma dignité de journaliste s'oppose à ce que je prenne le strapontin laissé vacant dans votre cœur par un comédien.

« Agréez, etc., etc. »

La journée qui suivit la réception de cette lettre fut une véritable journée de larmes.

Le désespoir de mademoiselle X... était immense.

— Moi, aimer Gil-Pérès ; mais c'est faux, je le jure sur ma mère !... sur ma petite fille qui est morte ! !

Le jeune homme le savait parbleu bien, que cela était faux, et il regrettait déjà d'avoir employé sa ruse, quand le surlendemain, mademoiselle X... s'écria dans sa douleur :

— Mais que faut-il donc pour vous prouver que je dis la vérité ?

— O rien, c'est inutile.

— Mais c'est une horreur !

— Je suis de votre avis.

— Encore...

— Encore, quoi ?

— Encore si on vous avait dit la vérité, si on vous

avait nommé... Dupuis et Berthelier, je... l'avoue...
je...

Je vous laisse à penser si notre jeune homme combla de bénédictions Dupuis et Berthelier.

Il y a un mois de cette histoire, et le jeune homme en rit encore.

Remontons dans une autre sphère, et passons au *Mariage d'Olympe* que le Vaudeville vient de reprendre.

Après huit ans d'absence, cette pièce nous est revenue, et, chose bizarre, elle a reçu le même accueil qu'à sa première apparition.

L'opinion de la critique et du public est toujours la même. *Le Mariage d'Olympe* est un chef-d'œuvre, mais un chef-d'œuvre que sa trop grande vérité rend antipathique et désagréable.

On est blessé presque à chaque mot : on éprouve du dégoût après chaque scène pour cette horrible plaie que l'auteur découvre et dont il arrache l'appareil avec une brutalité de chirurgien de marine aguerri depuis trente ans aux plus cruelles douleurs.

Une autre reprise, qui sera plus fructueuse que celle du *Mariage d'Olympe*, c'est celle de *la belle Gabrielle* au théâtre de la Gaîté.

Je ne connais rien de plus touchant que les amours d'Espérance et de Gabrielle.

L'action, — qui manque peut-être un peu de comique — est intéressante au possible, et écrite avec ce soin et cette délicatesse qui font de M. Maquet un dramaturge comme il en existe peu.

La belle Gabrielle, c'est toujours mademoiselle Page. Dès son entrée en scène, on entend un murmure d'admiration qui sort de la foule. Femmes et hommes s'extasient sur ce talent si jeune, si pur, si gracieux.

Sans avoir sur elle 300,000 francs de diamants, mademoiselle Page sait séduire et plaire.

Dans la scène de la prison, où elle avoue son amour à Espérance, je ne connais rien de plus adorable; c'est le charme et le talent à leur dernière expression.

Allons, « ma belle Pagette, » comme vous appellent Laferrière et Mélingue, vous devez être bien heureuse, bien fière et bien contente de vous.

Parlons maintenant de *la Mule de Pédro*, la nouvelle partition de M. Victor Massé à l'Opéra.

Voici, en deux mots, le sujet du nouvel opéra :

Premier acte. — Pédro, un riche et joli fermier, est amoureux de Gilda, la riche et jolie fille de l'hôtelier Hernandez. Mais, voyez un peu quelle déveine : Gilda a promis son cœur à Tébaldo, un *june homme* avec qui elle jouait à saute-mouton dès la plus tendre enfance. Tébaldo est sous les drapeaux ; mais Gilda, qui n'est pas pressée, lui a promis de l'attendre pendant sept ans.

Après avoir chanté à Pédro que son cœur est hypothéqué, Gilda prend l'omnibus et se fait conduire, — accompagnée de son père, — à l'Hippodrome de l'endroit, où l'on donne précisément la première représentation d'un combat de taureaux.

Pédro qui, — nous ne sommes pas fâché de vous le dire en passant, — n'a aucun amour-propre, se moque complétement du refus de Gilda et s'entend avec de nobles muletiers comme lui, pour enlever « la belle inhumaine. »

Justement, le jour où se passent les terribles événements que nous venons de raconter, Tébaldo, dont le régiment change de garnison, arrive pour faire une partie de saute-mouton avec sa bien-aimée, comme au temps de leur jeunesse.

Avant de se rendre au domicile de sa fiancée, Tébaldo achète une contre-marque et entre un instant à l'Hippodrome. Justement, il arrive dans l'enceinte au moment où un taureau, trouvant sans doute Gilda à son goût, se précipite sur elle pour lui donner des coups de cornes dans le ventre.

Que fait Tébaldo, il se place entre le taureau et Gilda, et c'est lui qui étrenne des coups de cornes.

De retour au logis, Tébaldo dit à Gilda qu'il est obligé de la quitter à l'instant, pour rejoindre son régiment. Gilda, qui est la reconnaissance même, ne lui offre seulement pas une chaise pour s'asseoir.

Tébaldo a compté sans les souffrances que lui causent les coups de cornes du taureau amoureux, et il lui serait impossible de se rendre à son poste, si Pédro, qui veut se débarrasser de sa personne, ne lui offrait sa carriole et sa mule.

Tébaldo, qui est beaucoup trop bête pour avoir les moindres soupçons, accepte la carriole de Pédro et part au grand galop, afin de bien donner au muletier la liberté qu'il désire pour lui enlever sa fiancée.

Deuxième acte. — Au lever du rideau, après que mademoiselle de Taisy a chanté des couplets ineptes sur les lutins et les farfadets, Gilda arrive chez Pédro, conduite par les nobles muletiers qui l'ont enlevée.

Pédro, qui est un vrai malin, celui-là, croit que Gilda va pleurer, prier, puis crier, pour ravoir sa liberté ; mais il se met le poing dans l'œil. Gilda comprend qu'elle est perdue si elle a peur. Justement, toujours ! — la table est servie. Alors, la ravissante jeune fille fait semblant de se croire dans un cabinet de la Maison d'Or, et crie : j'ai faim !

Un peu plus, j'ai cru qu'elle allait demander des écrevisses à la bordelaise.

Pendant ce souper, elle chante à Pédro une chanson de gitana pour laquelle son père devrait bien lui donner le fouet pour avoir osé l'apprendre ; puis... — voilà où tout le génie de l'auteur se révèle, — elle grise Pédro comme cent Polonais réunis. Quand le muletier est ivre-mort, Gilda le persuade qu'il a besoin de se rafraîchir, et l'envoie à la cave.

Pendant que Pédro cherche ses vins les plus fins, Gilda cherche à s'enfuir, quand tout à coup on entend tinter de joyeuses clochettes ; en quittant la demeure de Gilda, Tébaldo avait tant de chagrin, qu'il s'est endormi tout de suite dans la carriole.

La mule de Pédro, qui a un instinct étourdissant, et qui flaire son maître comme MM. Dormeuil et Duponchel les bonnes pièces, croit que c'est le muletier qu'elle conduit, et ramène le soldat au logis de Pédro.

Le petit garçon de ferme, doué d'un instinct aussi étourdissant que la mule, se précipite vers la porte aussitôt qu'il a reconnu le son des clochettes, il l'ouvre, croyant ouvrir à Pédro, puis, sans s'inquiéter si son maître désire ses pantoufles, il retourne se coucher.

Gilda reconnaît Tébaldo qui n'est pas changé du tout depuis une heure ; Tébaldo reconnaît également Gilda qui est toujours la même ; puis, ils avancent tous les deux vers le trou du souffleur en chantant :

GILDA.

C'est lui !

TÉBALDO.

C'est elle !

Etc., etc., etc.

Aussitôt que le duo est terminé, le soldat va se cacher dans un buffet, et Pédro remonte amenant le jour avec lui. Pédro, qui a un tocsin chez lui, réveille tout le village, qui arrive, — à quatre heures du matin, — les hommes et les femmes en délicieuses toilettes, c'est à croire que personne ne s'est déshabillé depuis la fête du pays.

Évidemment, tout le monde croit à un malheur, mais Pédro les rassure en leur disant qu'il va tout simplement leur montrer la plus jolie fiancée de l'endroit. Au même instant, Gilda sort du buffet où elle était allée rejoindre Tébaldo, qui la présente comme sa femme aux paysans réunis.

— Mais, dit Pédro à Tébaldo, tu ne peux pas épouser Gilda, puisque tu es soldat et que tu n'as pas les moyens de te racheter ?

— Nom d'un petit bonhomme ! s'écrie Tébaldo, je n'y avais point songé.

Alors Gilda pleure, les paysans pleurent, le public pleure — sur la pauvre pièce — lorsque Pédro, qui veut éviter un nouveau déluge, renonce à la main de la fiancée de Tébaldo et achète — de ses propres écus, — un homme au jeune soldat.

— Ma mule me restera ! s'écrie-t-il !

Ce qui est du dernier galant pour Gilda.

Tel est le compte-rendu fidèle de cette pièce absurde, insensée, dont l'auteur est un nommé Dumanoir, que nous prions nos lecteurs de ne pas confondre avec

M. Dumanoir, le spirituel auteur de *don César de Bazan*, du *Camp des Bourgeoises*, des *Femmes Terribles*, et de vingt autres petits chefs-d'œuvre.

L'ineptie de ce livret est d'autant plus regrettable, que la musique en est ravissante.

M. Victor Massé a retrouvé dans *la Mule de Pédro*, des mélodies presque égales aux plus jolis morceaux des *Noces de Jeannette*, de *Galathée*, de *la Reine Topaze* et de la *Chanteuse Voilée*.

Que serait-ce donc s'il avait été inspiré par un excellent scénario?

On assure que les directeurs de l'Opéra-Comique et du Théâtre-Lyrique viennent de commander chacun un opéra à ce charmant compositeur.

Nous en félicitons sincèrement M. Massé, qui est un musicien d'infiniment de talent, et nous lui souhaitons les plus chaleureux succès.

L'interprétation de *la Mule de Pédro* ne laisse presque rien à désirer, à l'exception du débutant, M. Warot, dont la voix est peu sympathique et dont l'habit militaire ressemble plutôt à une livrée qu'à un uniforme.

Madame Gueymard est fort bien dans le rôle de Gilda, elle chante admirablement, comme toujours.

La salle entière lui a fait recommencer sa chanson

> Je suis la Gitana,

qu'elle chante avec cette voix si large, si bien timbrée,

qui en fait la première cantatrice de l'Académie impériale de musique.

Quoique étant un peu majestueux pour un simple muletier, M. Faure a obtenu un très-grand succès dans le muletier Pédro.

Il faut entendre avec quel charme il chante la ravissante chanson de la mule, ou bien :

> Voilà bien les femmes,
> Préférant toujours
> De nouvelles flammes
> Aux premiers amours...

Si les honneurs de la soirée ont été pour lui, jamais artiste ne les avait mérités d'une plus délicieuse façon.

Les deux choses qui occupent le plus le monde parisien aujourd'hui, sont :

1° *Le fond de Giboyer*, par M. Louis Veuillot ;

2° *Les Noces du Diable*, une féerie aux Délassements-Comiques.

En conséquence, nous renvoyons aux quarante immortels le soin d'éplucher la brochure de M. Louis Veuillot, nous réservant la nouvelle pièce des Délassements-Comiques.

Voilà ce qui s'appelle « conserver sa dignité littéraire. »

Les deux nouveaux auteurs que M. Sari vient de

produire, se nomment : Ernest Blum (?) et Alexandre Flan (?)

Chaque fois que M. Sari dit à son régisseur :

— Oscar, mettez une lecture au tableau, pour demain.

— De qui est la pièce ?

— Toujours des mêmes idiots, parbleu !

— Quelle veine ! cette fois encore, je n'aurai pas besoin de faire changer le cliché.

Il faut vous dire maintenant, que la pièce qui doit être lue le lendemain aux *artisses* des Délassements-Comiques, a toujours été commandée dans les conditions suivantes :

Un soir, M. Sari arrive au théâtre et demande Blum à tous les mollets du foyer.

Tout à coup, Blum arrive par un couloir sombre, au moment où Sari est en train de donner un conseil à mademoiselle Mélanie.

Quand Blum s'est tenu discrètement à l'écart pendant une minute, — le temps de rouler une cigarette, —il se met à fredonner cette dernière romance de Mozart :

<blockquote>
Ah ! c'cadet-là
Quel pif qu'il a.
Ah ! c'ca...
</blockquote>

Alors Sari se retourne :

— Ah ! c'est vous, mon petit.

Blum. — Peut-être bien.

Sari. — Dites donc, mon petit, vous savez que c'est aujourd'hui jeudi et que nous lisons lundi.

Blum. — Vous lisez, quoi?

Sari. — Votre pièce.

Blum. — Je n'ai pas de pièce.

Sari. — Mais d'ici lundi? vous avez trois jours devant vous pour en faire une, c'est plus qu'il ne faut.

Blum. — C'est juste..., qui allez-vous faire jouer là-dedans?

Sari. — Voulez-vous Samson, Bressant, Laferrière, Berton, Page, Madeleine Bro...

Blum. — Si ça ne vous fait rien, j'aime mieux Couder, Grivot et Mélanie.

Sari. — Je vous les donne; ainsi c'est convenu, prévenez Flan tout de suite.

Blum. — Je ne vais faire que ça.

Le lendemain, Blum et Flan se rencontrent au rendez-vous convenu.

Blum. — Bonjour, Ponsard.

Flan. — Bonjour, Augier.

Blum. — Fais-toi une cigarette et tâchons d'écrire notre premier acte aujourd'hui.

Flan. — Ah! ça, c'est donc vrai ce que tu m'as écrit; Montigny nous commande une pièce?

Blum. — Je me suis trompé de nom. C'est Sari que je voulais dire.

Flan. — J'aime mieux ça, c'est plus amusant à faire; et puis Montigny nous aurait peut-être joué entre la pièce de Sardou et celle de Dumas fils et.....

Blum. — Voilà donc le sujet que j'ai trouvé hier soir, en causant avec Maria P... Tu vas me dire si c'est une vraie idée, écoute-moi bien. *Les Noces du Diable*.

Au prologue : Couder, un mauvais diable, veut épouser Jeanne, une jeune blonde qu'il suppose posséder :

La gourmandise,
Le mensonge,
La coquetterie,
La colère,
La paresse,
L'envie,
Et la luxure.

Flan. — Voilà qui est déjà bien dans les eaux des Délassements; seulement, c'est *la Fille du Diable* que tu me racontes-là.

Blum. — Tu es gris, je continue : malheureusement, aussitôt le contrat signé, Couder s'aperçoit que Jeanne est un ange, ce qui l'étonne autant que ça l'embête.

Flan. — Je comprends ça.

Blum. — Que fait Couder ? il veut la lâcher.

Flan. — C'est une bonne idée.

Blum. — Mais la petite Jeanne l'entortille, le caresse si bien, qu'il finit par lui proposer de l'emmener à Paris, où elle doit bientôt acquérir les sept péchés capitaux...

Flan. — Tais-toi un peu, je tiens la fin du prologue : Jeanne se désole; mais elle finit par accepter, et tout le monde chante :

> A Paris! à Paris!
> C'est un joyeux paradis.
> A Paris! à Paris!
> Courons, mes amis.

Blum. — Tu me comprends mieux que Molière (il l'embrasse).

Flan. — Il s'agit maintenant de trouver des blagues drôles pour les trois actes. Dans tous les cas, j'ai déjà une trentaine de couplets à pointes, une ronde et trois rondeaux que je vais tâcher de coller là-dedans. Mais comment finirons-nous le premier acte ?

Blum. — Par un quadrille.

Flan. — Le second ?

Blum. — Par un ballet.

Flan. — Et le troisième ?

Blum. — Le troisième (cherchant un peu) par un ballet et un grand quadrille final.

Flan. — Ce sera superbe !

Blum. — Dis donc, si nous portions notre pièce à Cogniard au lieu de la donner à Sari ?

Flan. — J'allais te le proposer.

Blum. — Il doit en avoir besoin.

Flan. — Il attend peut-être après.

ENSEMBLE

Air : *De la corde sensible.*

Courons chez Cogniard Hippolyte,
Quand Siraudin sommeille encor:
Oui, chez Cogniard, courons bien vite,
Demain... il pourrait être mort.

Flan (se grattant). — Dis donc, Ernest, je réfléchis
à une chose, Cogniard nous refusera peut-être ?

Blum. — Il en est bien capable ; n'y allons pas.

Enfin, la pièce est lue à M. Sari et aux artistes.
Tout le monde est enchanté.

Aux répétitions, M. Sari cherche toujours M. Blum,
aussitôt qu'il l'a aperçu il s'empresse de lui dire :

— Mon vieux, il faut que j'aille au ministère, sur-
veillez donc un peu tout cela, nous n'avançons pas,
sapristi.

Blum. — Soyez tranquille.

Aussitôt Sari parti, Blum s'assied une minute à
côté d'Oscar, le régisseur.

Mlle Mélanie (à Blum). — Dis donc, auteur de
carton, voudrais-tu me dire pourquoi je n'ai pas de
couplets à chanter ?

Blum. — Ah ! elle est bonne ; tu te doutes donc de
ce que c'est, que chanter ?

Mlle Mélanie. — Es-tu bête, voilà trois semaines

que je prends des leçons avec Palianti, de l'Opéra-Comique.

Oscar. — Voyons, Blum et Mélanie, si vous ne voulez pas vous taire, allez-vous-en !

Mlle Mélanie (à Oscar). — Je te donne une perruque, si tu me laisses partir.

Blum. — Quant à moi, je vais fumer une cigarette dans la cour. (Il part et ne revient plus.)

Oscar. — Voyons, mes enfants, le directeur et l'auteur sont partis, voilà le moment de répéter sérieusement.

Mlle Aimée Meyer. — A Chaillot ! il est quatre heures.

Mlle Esther. — Moi, je joue à sept heures, je vais dîner ; je suis comme Laferrière et Page, il faut que ma digestion soit faite avant d'entrer en scène.

Mlle Félicie Delorme. — D'abord, c'est l'heure du bois.

Mlle Ch. Prévost. — Et puis, moi, c'est l'heure à laquelle je reçois.

Mlle Mélanie. — Est-ce que t'as une heure pour recevoir, toi, t'es comme les braves, tu reçois tout le temps.

Mlle Jeanne. — Voyons, puisque nous y sommes, répétons un peu, alors.

Mlle Esther. — Ah ! c'te Jeanne, qui se déguise en colombe parce qu'elle a le principal rôle de la pièce.

Couder. — Dites donc, les vierges, taisez-vous vos becs?

Un Figurant. — Ohé! du canot, ohé!

Oscar. — Je deviens fou.

Mlle Mélanie (criant). — L'omnibus de Charenton, pour Oscar.

Oscar s'enfuit. La répétition est levée.

Le jour de la répétition générale, c'est un branle-bas immense. Les artistes emplissent la scène et la salle, à côté des journalistes et des auteurs qui sont amis de la maison.

Mlle Meyer. — Dis donc, Esther, qu'est-ce que c'est que ces deux gandins qui sont dans l'avant-scène de gauche?

Mlle Esther. — Je crois que ce sont des messieurs qui ont prêté de l'argent à Sari.

Mlle Ch. Prévost. — Tu crois?

Mlle Esther. — Comme s'ils n'avaient pas des têtes à ça.

Mlle Meyer. — Le petit brun est gentil; je vais lui demander des nouvelles de sa sœur.

Sari. — Oscar! Cavé est là, nous pouvons commencer. (A M. Cavé.) Bonsoir, Albert; Ludovic n'est pas avec toi?

Cavé. — Je l'ai quitté sur le théâtre; il paraît qu'il avait quelque chose de très-important à dire à Charlotte.

17

Sari. —Eh bien, Rolland, pourquoi ne commençons-nous pas?

Rolland. — Il nous manque une femme.

Sari. — Qu'est-ce que c'est que cette femme-là?

Rolland. — C'est une petite fille de Montmartre et je crois que c'est sa mère qui l'empêche de venir.

Siraudin. — Encore une mère qui va briser l'avenir de son enfant.

Flan. — Mais nous sommes perdus.

Blum. — Du tout; coupons le rôle.

Cavé. — Cela ne vous gênera pas?

Blum. — Au contraire.

L. Halévy (à Henri Meilhac). — A la bonne heure; ce n'est pas nous qui ferions des pièces comme celle-là.

H. Meilhac. — Tu sais, si tu veux te remettre avec Crémieux, tu es libre.

La répétition commence; les costumes sont à peine terminés, les trucs marchent mal, les artistes prennent tout leur rôle au souffleur et pourtant on est à la veille de la première.

Blum. — C'est de demain en huit, que nous passons, mais jamais demain.

Sari. — Vous êtes gris aussi, vous?

Flan. — Mais, rien ne marche.

Sari. — Ça n'en marchera que mieux demain.

Blum. — Vous savez que la grande rouge, amenée par Rolland, va enfoncer la pièce.

Mlle Mélanie. — Elle s'enfoncera bien toute seule, votre ordure.

Sari (à M. Cavé). — Eh bien, qu'est-ce que tu dis de la pièce?

Cavé. — Ça manque de nouveauté.

Roqueplan. — Bast! *Andromaque* aussi.

Le jour de la première, la salle des Délassements-Comiques, — grande comme un œuf de dinde — est pleine de tout ce que Paris compte de beau, de spirituel, d'intelligent et... d'idiot.

M. Émile Augier cause tout le temps avec Théodore Barrière ; M. Fiorentino coudoie M. Nestor Roqueplan ; l'élégant couple de Pène fait l'admiration générale.

Les applaudissements et les rires se croisent et s'entre-croisent ; les colloques sont ouverts.

Blum. — (à M. Sari.) Je crois que nous allons obtenir une de ces vestes qui...

Sari. — Nous avons assez de veine pour ça ; où est Flan?

Blum. — Aux trois sous.

Sari. — Sur l'impériale?

Blum. — Plus bas.

A. Scholl. — Mais c'est crevant cette pièce ; Albéric, partons-nous?

Albéric Second. — Mais on n'en est encore qu'au prologue, attendons un peu... jusqu'à la fin.

Un gandin (à son voisin).—Faisons-nous du chahut?

L'Ami. — J'ai envie de crier à Félicie qu'elle se dépêche de chanter, je l'emmènerai souper.

De Villemessant. — Les pièces de d'Ennery et celles de Blum et Flan, je demande qu'on les envoie en Pologne.

Jules Noriac (à Jules Prével). — Vois-tu, Prével, je t'aime bien ; mais si tu chantais aussi faux que Félicie, je te flanquerais à la porte du *Figaro-Programme*, immédiatement.

Enfin la pièce est jouée. Pendant toute la soirée, on a beaucoup plaisanté ; mais comme les scènes amusantes sont toujours plus nombreuses que les mauvaises, comme les costumes et les décors sont charmants, tout le monde s'en va plus content de sa soirée que s'il l'avait passée à entendre une pièce de M. Léon Laya.

« Mais l'homme n'est jamais complétement heureux » a dit Michel Delaporte, et le soir en se couchant, M. Sari s'écrie :

— Je crois qu'il est temps de lâcher Blum et Flan, ils n'ont plus rien dans le ventre.

De leur côté, MM. Blum et Flan se disent :

— Je crois que nous avons assez vu les Délassements, décidément nous ne travaillerons plus que pour le Gymnase et le Vaudeville.

Voilà cinq ans que MM. Sari, Blum et Flan se tien-

nent mentalement ce langage, après chaque première...

Espérons, pour nos plaisirs, qu'ils le tiendront
encore longtemps, et terminons en leur souhaitant
un avenir plein de succès.

De quoi vous parlerai-je maintenant?

De l'affaire Garcia-Calzado?

Des débuts du ténor Villaret, à l'Opéra?

Des débuts de M. Albéric Second à la chronique
théâtrale de *la Nation?*

De *Don Juan de Marana*, à la Porte-Saint-
Martin ?

Ou de etc., etc., etc.

Soyez heureux, je vous dirai tout ce qu'il est possible de dire et même d'autres choses encore.

L'affaire Garcia-Calzado, cette triste comédie qui
avait, — pendant un moment, — étonné, abasourdi
Paris entier, vient de se dénouer devant la justice.

La culpabilité des prévenus a été reconnue et le
bruit de leur condamnation s'est répandu sur un air
funèbre pareil à celui du tocsin dans un pauvre village
que l'incendie dévore, au milieu de la nuit, et où tout
espoir de délivrance est perdu.

On frémit en pensant à cette industrie odieuse,
imaginée dans des appartements somptueux, exécutée
en habits noirs, en gants blancs, l'air souriant, la bouche en cœur et la plaisanterie sur les lèvres.

A notre avis c'est un crime épouvantable, qui, consommé ainsi aux feux des bougies et des lustres, renferme cent fois plus d'audace que l'assassin qui guette sa victime au coin d'un bois, à minuit.

M. Garcia a été condamné à cinq ans ;

M. Calzado à treize mois ;

Comme dans presque tous les sinistres, une femme avait un rôle important dans ce drame.

Cette femme, aussi spirituelle que jolie et aimable, nommée Julia Barucci, avait livré ses riches salons à la frénésie des joueurs, et c'est chez elle, sur une petite table de Boule, recouverte d'un drap vert orné de franges d'argent, que M. le comte de Miranda a perdu 126,000 francs dans un seul baccarat.

L'Opéra est en liesse !

Un jour, en passant « sur le pont d'Avignon, » M. Royer aperçut un brasseur, ce brasseur paraissait exercer fort mal son état ; mais, en revanche, il chantait de façon à donner une apoplexie à Gueymard.

Malgré son titre de directeur de l'Académie impériale de musique, M. Royer avait encore tout son bon sens, et voici ce qu'il en fit :

Un soir, pendant que Villaret, — c'est le nom de la victime — était assis dans sa brasserie, deux hommes masqués l'enlevèrent et le mirent dans un coupé de régie qui les conduisit, à travers vingt ruelles sombres, dans un grand hôtel inhabité, complétement isolé sur une place publique, presque aussi grande que le Champ-de-Mars.

On fit pénétrer le pauvre Villaret dans une salle immense tendue de noir à larmes d'argent. Trois hommes rouges, ayant de petites harpes, étaient assis dans les fauteuils dont les dossiers montaient jusqu'au plafond.

Aussitôt que Villaret fut entré, les trois hommes rouges — comme David en présence de Saül — se mirent à jouer sur leurs harpes.

1° *Le mirliton !*

2° *Ti, ti, la, ri, ti ! !*

3° Et *le Pied qui r'mue ! ! !*

C'en était trop ! — comme on dit dans les drames de M. d'Ennery, — Villaret perdit complétement connaissance.

. . . .

. . . .

Au bout de six mois seulement, Villaret reprit ses sens.

Il était temps, et on était sûr qu'il préférait Rossini à Victor Chéri.

Quand Villaret revint à lui, il était en train de répéter *Guillaume Tell* à l'Opéra ; je vous laisse à penser s'il devait être étonné.

Tout à coup, au moment où il entonnait :

O Mathilde ! idole de mon âme,

il aperçut dans une loge des troisièmes de face, trois individus, qu'il reconnut parfaitement après trois coups d'œil, pour être les trois hommes rouges d'Avignon.

Ces trois hommes étaient : Alphonse Royer, Charles Narrey, et Théodore de Langeac.

En moins de temps qu'il n'en faut pour devenir l'amant de mademoiselle R., Villaret comprit que tout était perdu et il chanta en silence, au grand plaisir des trois hommes qui n'étaient plus rouges — à l'exception de Narrey pourtant, qui aime assez cette couleur.

Enfin, le jour des débuts arriva et Villaret fut couvert d'applaudissements. Plusieurs critiques lui ont reproché de n'être pas assez comédien ; les malheureux, en parlant ainsi de Villaret, ils ignoraient :

Sous quel fardeau la pauvre âme succom...bait !...

Depuis son succès, Villaret commence à s'habituer à sa nouvelle existence. L'amabilité, la douceur de M. Émile Perrin, lui rendent un peu d'assurance, enfin il espère que s'il réussit dans *la Favorite*, on le renverra à Avignon.

Un autre débutant, mais qui n'en est pas à ses premières armes, vient, lui aussi, d'apparaître triomphalement à la chronique théâtrale de *la Nation*

J'ai nommé M. Albéric Second.

Je n'ai pas à faire l'éloge de M. Albéric Second ;
vous dire combien il possède de finesse, d'esprit et de
bon goût, ce serait vous apprendre qu'il pleut souvent
en hiver et qu'il fait parfois du soleil en été.

Tout ce que je puis dire ou faire, pour les amis de
l'esprit, c'est de leur donner le conseil de lire, à l'avenir, le feuilleton théâtral de *la Nation* qui, depuis
dimanche dernier, est signé par l'auteur de *la Comédie
à Ferney*.

L'autre jour on lisait dans un journal des départe-
ments :

« Au dernier bal de M. le préfet, le petit vicomte
de X... était en miroir. »

Je me demande en miroir à quoi ?

X

X

Horrible nouvelle. — M. Prudhomme et *Don Juan de Marana*. — Les soucis de M. Marc-Fournier. — Sa biographie directoriale. — Louis XIV. — Le duel à la fantaisie. — M. Hostein. — Une caisse de danseuses. — Ah! que Venise est belle! — Mlle Périga. — Mlle Suzanne Lagier. — Crockett et *Crockbête*. — Mlle Lucile Durand et *la belle Polonaise*. — M. Hyacinthe et la queue de Mlle Théric. — La pension de MM. Frédérick-Lemaître, Ferville et Victor Massé. — Le maëstro Offenbach. — Un intrigant, âgé de huit jours, qui prend M. de Morny pour parrain. — Le chagrin d'un veuf. — Cartouche et César Borgia sont des séraphins auprès de moi. — Au viol! à l'assassin! — *Bataille d'amour*. — Mlle Aguillon dans *Mlle de Belle-Isle*. — Les métamorphoses de l'amour. — Un vers d'Alfred de Musset. — Parler d'amour, dit-on, c'est faire l'amour. — *Un Homme de rien*. — Richard Shéridan et Richard d'Arlington. — Les frères Bichonnet et Arnal. — *Le Nain Jaune*. — *Charles VII chez ses grands vassaux*. — M. d'Ennery et son confrère Molière.

Horrible nouvelle!

Un jeune homme était chez lui.

Soudain un personnage singulier entre. Un fer brille dans sa main. Il pousse le jeune homme sur une chaise, cherche à l'étrangler avec un linge qu'il lui serre autour du cou, et lui couvre la figure d'une substance blanche qui bouillonne. Puis il promène avec rage son fer sur la figure contractée du patient. Un instant après, il le couvrait d'eau. Pendant ce temps, le feu rougissait deux pinces de fer. L'inconnu s'en saisit et les plonge dans les cheveux du malheureux.

Après tant d'outrages, las de tant de crimes, l'inconnu tend la main et demande de l'argent.

On présume que c'était un coiffeur.

Vous connaissez tous cette pensée de Joseph Prudhomme :

— « C'est l'ambition qui a perdu Bonaparte ; s'il était resté toute sa vie simple capitaine d'artillerie, il serait encore sur le trône à l'heure qu'il est. »

Eh bien, au risque de passer pour un petit-fils de la famille Prudhomme, nous dirons :

— Si *Don Juan de Marana* n'avait pas été rejoué, ce drame passerait encore pour un chef-d'œuvre à l'heure qu'il est.

Nous avions lu *Don Juan de Marana*, et cette lecture nous avait produit un effet immense.

Voir jouer cette pièce était notre seul désir, sourire aux amours de Don Juan, pleurer avec le bon ange, comprendre l'amour de la vengeance avec la fière Inès, voir s'agiter des milliers de fantômes, de spectres plus horribles les uns que les autres : tel était notre rêve chéri.

Mais, lorsqu'il faut rester assis depuis sept heures du soir jusqu'à une heure du matin, pour voir se renouveler la même scène à chaque tableau ; lorsqu'il faut ouvrir des oreilles immenses pour ne pas perdre un mot de ce que disent les comédiens, le charme diminue et l'œuvre perd de sa grandeur.

Ce triste effet, ce désenchantement causé par la représentation, a été le résultat de *Don Juan de Marana*, l'autre soir.

Un des grands vices de la direction de la Porte-Saint-Martin, c'est l'abus de la mise en scène, mais de la mise en scène qui allonge et fait perdre à l'action tout son intérêt primitif.

Ainsi que les artistes le disent eux-mêmes, les répétitions de la pièce sont les moindres soucis de M. Marc-Fournier, qui porte toute son intelligence artistique sur le nombre des figurants, sur la beauté des costumes ou sur les entrechats de mademoiselle Mariquita.

Puisque nous parlons de M. Fournier, voici sa biographie directoriale complète :

Avant d'être directeur, M. Marc-Fournier avait brillé dans le camp des journalistes.

Il avait écrit dans *la Presse*, sous le premier règne de M. Émile de Girardin.

Dans *l'Artiste*, avec M. Théophile Gautier.

Dans *le Corsaire*, avec M. Fiorentino, un bon et fidèle camarade, dont il a su se faire un bon et fidèle ennemi.

En récapitulant les qualités et les défauts de M. Fournier, on lui trouve, à première vue, un certain air de ressemblance avec un roi de France connu sous le nom de Louis XIV.

En observant un peu, on voit bien vite que cette ressemblance n'est qu'une sorte de parodie.

Le tigre et le chat.

Les flatteurs de M. Marc-Fournier, l'appellent le directeur-soleil !

Dans des proportions — naturellement moins brillantes, — M. Fournier a du roi-soleil :

L'amour du luxe ;

La prodigalité ;

Le bon goût ;

L'esprit ;

L'ingratitude !

Comme Louis XIV, M. Marc-Fournier a eu son Colbert ; c'était un serviteur fidèle nommé M. Collin.

Ses principales victoires se sont appelées : *Paris, les sept merveilles du monde, les Nuits de la Seine, les Chevaliers du Brouillard*, *Faust*, *le Pied de Mouton*, et, en dernier lieu, *le Bossu.*

Les ennemis de M. Fournier disent que *le Bossu* a été sa bataille de Denain.

Ses maréchaux se sont appelés Frédérick-Lemaître, Bocage, Laferrière, Fechter, Mélingue, Rouvière, Émilie Guyon, Marie Laurent, Eugénie Doche, Suzanne Lagier, Lia Félix, Jane Essler, Page, etc.

M. Marc-Fournier a, dans la personne de M. Hostein, un rival, un Guillaume d'Orange.

Le jour où M. Fournier a appris que son bien-aimé confrère, M. Hostein, faisait venir ses décors de Londres, il s'est fait expédier d'Italie une caisse de danseuses. Ces ballerines italiennes ne dansaient guère mieux que les reines de Mabille. En revanche, elles ne connaissaient pas un mot de français.

C'était gênant, mais plein de *chic.*

Un machiniste m'a assuré qu'un soir, après une représentation du *Pied de Mouton*, il avait vu ceci :

Dans une petite barque de carton doré, — élégamment pavoisée d'oriflammes et de lanternes vénitiennes aux mille couleurs, et voguant dans des flots de toile verte, — M. Marc-Fournier, assis au milieu d'une douzaine de danseuses qui lui jetaient des feuilles de roses dans les yeux et sur le nez.

Les ballerines chantaient les poésies de l'Arioste, — mises en musique par Artus, — pendant que lui-même, en admirant les portants et les charpentes de la scène, soupirait avec la voix de fausset qu'on lui connaît :

> Ah! que Venise est belle!

Si ce conte est vrai, M. Marc-Fournier a dû gagner, cette nuit-là, un fameux point contre M. Hostein, dans leur duel à la fantaisie.

Revenons à *Don Juan de Marana.*

Toute la critique a été froide envers ce *Don Juan,* que M. Alexandre Dumas n'a pas eu l'honneur de créer, puisque, avec un aplomb qu'on ne pardonne qu'aux écrivains de son talent, M. Dumas a tiré son drame :

1° Des *Ames du purgatoire,* de Mérimée ;

2° Du *Faust,* de Goëthe ;

3° Du *Richard III,* de Sheakspeare ;

4° Du *Moine,* de Lewis ;

Etc., etc., etc.

Une comédienne qui mérite une réputation bien supérieure à la sienne, mademoiselle Périga, a divinement joué le rôle du bon ange.

Sans avoir la beauté de mademoiselle Page, le mordant de mademoiselle Lia Félix, mademoiselle Périga est une jeune artiste qui peut un jour prendre place au premier rang de nos meilleures comédiennes du boulevard.

Puisque son intention était de briller dans le drame, mademoiselle Suzanne Lagier, dont l'organisation artistique se prête à toutes les nuances, à toutes les difficultés, mademoiselle Lagier, disons-nous, a eu tort de jouer *la Grâce de Dieu* et le *Juif-Errant.*

Son succès dans ces deux rôles a été si grand et est encore si récent, qu'à travers ces colères sourdes, ces froncements de sourcils, ces poses souvent remarquables, on veut voir quand même le gros rire de Chonchon et la folle ivresse de la reine Bacchanal.

La Tour de Londres, la Fausse Adultère, les Fiancés d'Albano, et *la Servante,* sont là pour prouver que mademoiselle Lagier est une véritable actrice de drame, et la façon dont elle vient de jouer Inès — un rôle de quinze lignes, — confirme largement notre opinion.

MM. Clairville et Ernest Blum viennent de donner aux Variétés, une parodie du dompteur Crockett, intitulée : *Crockbête.*

Je ne connais rien de plus bête et de plus amusant ; c'est le comble de la folie.

Il y a surtout une romance, — si j'ose appeler ainsi *la Belle Polonaise,* — chantée par mademoiselle Lucile Durand avec une naïveté adorable... comme elle. Avant quinze jours, la jolie Durand aura rendu populaire ce nouveau *Pied qui r'mue !*

L'autre soir, au Palais-Royal, M. Hyacinthe marcha sur la robe de mademoiselle Théric.

— Mais faites donc attention, lui dit la grande et spirituelle comédienne, vous m'avez déchiré toute la queue de ma robe.

— Bah ! lui répondit Hyacinthe il t'en restera toujours assez.

Après avoir fait une rente à Frédérick-Lemaître et à Ferville, le ministre d'État vient d'octroyer une pension de 2,400 francs à un grand musicien. Je crois que cette pension doit être très-agréable, mais il est triste de dire qu'elle est adressée à M. Massé.

Puisque, dans sa haute prévoyance, M. le ministre a jugé cette rente nécessaire, pourquoi n'avoir pas plutôt commandé un opéra à l'auteur de *Galathée*, des *Noces de Jeannette* et de *la Reine Topaze ?*

C'était donner à M. Victor Massé des profits et de la gloire.

Depuis le 1ᵉʳ avril, M. Victor Massé est aidé dans ses fonctions de chef du chant, à l'Opéra, par M. Léo Delibes.

M. Léo Delibes, — un tout jeune homme, — est l'auteur des *deux vieilles Gardes*, une petite opérette qui vaut bien des opéras comiques en trois actes.

Un autre compositeur qui a également de la veine,

comme dit M. Guizot, c'est le maëstro Jacques Offenbach.

Figurez-vous que Offenbach vient d'être le père d'un petit gaillard...... qu'il a composé en même temps que *les Bavards*.

Vous croyez peut-être que ce petit bambin, qui est, dit-on, venu au monde avec une partition sous le bras, a choisi pour parrain, Crémieux ou Halévy ? Léonce ou Désiré ?

Ah ! bien oui.

Aussitôt débarqué dans ce monde, le petit intrigant en question a aussitôt dépêché Bache à M. le duc de Morny, pour lui demander s'il lui ferait l'honneur de le tenir sur les fonts baptismaux.

En recevant ce bizarre ambassadeur, le duc a un peu ri... et beaucoup accepté.

— Si on veut me rebaptiser, a dit Albéric Second, je consens à m'appeler Théobule... avec Rothschild pour parrain.

Un Monsieur revenait de l'enterrement de sa femme.

Il entre dans un café et demande un gloria.

Mais à peine a-t-il trempé ses lèvres dans la tasse, qu'il pousse un cri de dégoût et recrache la liqueur qu'il avait commencée.

— Pouah ! que c'est mauvais ! fit-il, — puis après un moment de silence...

— Ça fait le deuxième *embêtement* que j'ai aujourd'hui.

Je le dis sans orgueil mais aussi sans grand chagrin, je connais peu d'individus qui aient autant d'ennemis que moi — pour ma taille.

A entendre mes plus petits amis comme mes plus grands ennemis, je suis le plus profond scélérat des coulisses parisiennes.

Le vol, l'assassinat et le poison sont mes distractions favorites.

Cartouche et César Borgia sont des séraphins auprès de moi.

Bien heureux si, aux courses de Boulogne ou de Vincennes, le petit dialogue suivant ne vient pas faire tressaillir d'effroi et sauter à cinq pieds au-dessus du sol, le sergent-de-ville le plus courageux :

— Dis donc, Paul !

— Quoi ?

— Vois-tu ce huit ressorts monté à la daumont, qui est devant nous ?

— Certainement.

— Tu connais la personne qui s'y étend négligemment avec une cigarette à la bouche et une bouteille de champagne à la main ?

— Ma foi non ?

— Eh bien c'est la petite X... du Palais-Royal.

— Bah !... elle est bien maquillée.

— Elle est charmante.

— Elle a l'air encore plus effronté que la femme de chambre de la comtesse de G.

— Elle est adorable.

— On lui donnerait encore trois jours à vivre, tant ses traits sont usés, flétris par la débauche.

— Eh bien ce pauvre petit ange a été violé, violé, entends-tu ? violé il y a trois jours par ce monstre de Koning ! ! !

Voilà comme on écrit mon histoire.

Si je vous ai donné ce petit préliminaire, qui m'est tout personnel, c'est pour aller au devant de tout nouvel ennemi, c'est pour essayer de m'éviter, aujourd'hui surtout, toute nouvelle inimitié.

Jamais journaliste — si terrible qu'il soit — ne fut plus embarrassé que moi.

J'ai à parler de MM. Hippolyte Cogniard, Victorien Sardou et Delacour, trois hommes, trois amis, dont le talent et la personne sont sympathiques à tous.

L'amitié et le respect me soufflent dans l'oreille gauche qu'il faut être indulgent, que dis-je indulgent ?

Il faut être bon, menteur et cacher la vérité.

Tandis que dans l'oreille droite, la foi, la conscience de journaliste — une conscience qui possède une bien mauvaise réputation, me crie :

— Il faut être juste, il faut être vrai et n'avoir pas crainte d'écrire ce que personne n'ignore.

Eh bien, oui !

On a sifflé à l'Opéra-Comique ;

On a sifflé aux Variétés.

A l'Opéra-Comique, avant le lever du rideau, tout le monde était heureux et pressé, on attendait la pièce avec une impatience vraiment flatteuse.

Bataille d'amour était le premier essai de M. Victorien Sardou dans ce genre, et on était curieux de voir un nouvel Auber dans M. Vaucorbeil.

Jugez un peu de la surprise générale quand on vit :

Un jeune comte qui veut épouser la pupille d'un tuteur qui se croit très-adroit et qui n'est qu'un crétin, puisqu'il lui refuse la jeune Diane pour la donner à un chevalier Ajax dont elle est aimée pour sa dot.

Le jeune comte ne se désespère pas, au contraire, car il jure au vieux tuteur qu'avant minuit il aura enlevé Diane.

Pour arriver à ce but on se cache dans des malles, on transforme la duègne et on la présente au chevalier Ajax comme sa future, enfin on déploie toutes les vieilleries, toutes les ficelles les plus connues au théâtre pour faire réussir Montaubry.

Cette pièce, qui est tirée de *Guerre ouverte*, de Dumanoir, ne renferme pas un seul mot spirituel, pas une seule situation originale.

Les couplets de M. Karl Daclin ont l'air d'être composés par un lycéen de dix ans.

Quant à la musique, on croyait à une mystification de la part de M. Vaucorbeil qui, d'un seul coup, vient de poser en maîtres : MM. Artus, Couder, Robillart, Victor Chéri, etc., etc.

Pour terminer, permettons-nous de faire deux petites remarques à la direction :

1° Au dernier acte, pourquoi M. Montaubry dit-il :

— Voilà onze heures qui sonnent.

Quand il ne sonne que quatre heures ?

2° Au dernier acte, toujours :

Pourquoi remplir la scène d'une teinte verte, qui fait ressembler les artistes à autant de cornichons dans un bocal ?

Assistant à la première représentation de l'Opéra-Comique, il nous a été impossible d'assister à celle des Variétés qui avait lieu le même soir; mais la nouvelle de la chute du *Ménage de Césarine*, qui n'a été joué qu'une fois, nous est parvenue avec la rapidité qu'on déploie toujours pour les mauvaises nouvelles.

Nous nous contenterons donc de souhaiter sincèrement à MM. Cogniard, Marc-Michel et Delacour, un prochain et grand succès.

L'autre soir, il y avait au Théâtre-Déjazet une représentation extraordinaire au bénéfice de madame Paër, une intelligente pensionnaire de ce théâtre.

La salle était comble.

Déjazet a joué les *Prés Saint-Gervais* avec cette verve et cette jeunesse qui ne l'abandonnent jamais.

Après la comédie de M. V. Sardou, on a joué le troisième acte de *Mademoiselle de Belle-Isle*.

Depuis quelque temps mademoiselle Aguillon travaille sérieusement, et les leçons d'une grande artiste, mademoiselle Fargueil, doivent en faire une comédienne de bonne école.

La façon dont elle a joué le troisième acte de *Mademoiselle de Belle-Isle*, est plus qu'une espérance.

M. Michelet a fait un volume intitulé : *l'Amour*. Aujourd'hui, on prête à un académicien, l'intention de faire paraître un livre qui s'appellerait, *les Métamorphoses de l'Amour*.

Ce titre m'a fait rêver — tout éveillé — comme disait ce pauvre Leclère dans je ne sais plus quel vaudeville, j'ai cherché quelles pouvaient être ces métamorphoses, et voici ce que j'ai trouvé :

LES MÉTAMORPHOSES DE L'AMOUR

Parler d'amour, dit-on, c'est faire l'amour.

(ALFRED DE MUSSET.)

Un grand poëte a dit : L'amour est l'origine de toutes les vertus.

Si ce grand poëte vivait encore aujourd'hui, il ajouterait : *et de tous les vices.*

Chacun voit l'amour à sa manière.

Pour César, Alexandre et Napoléon, l'amour était dans une victoire gagnée.

Pour Sardanapale, François Ier, Henri IV, Louis XIV, Richelieu, Lauzun et Suzanne Lagier, l'amour c'était ou c'est... *l'amour !*

Pour Ninon de Lenclos, l'amour était un commerce où les banqueroutes sont nombreuses.

Pour don Juan, l'amour est une habitude.

Pour une grande dame, l'amour est un passe-temps.

Pour Victor Hugo :

> La vie est une fleur, l'amour en est le miel.

Je connais plus d'une cocotte, qui change ce vers, et qui dit volontiers :

> La vie est une fleur, et L'OR en est le miel.

Pour Béranger, l'amour était une chanson.

Pour M. Michelet, l'*Amour* est un livre... de 3 fr. 50 cent.

Pour Clairville, Labiche, Delacour et consorts, — comme on dit dans les tribunaux — l'amour est un vaudeville.

Pour Scribe, de Saint-Georges, Michel Carré, de Leuven, etc., l'amour est un opéra.

A l'Opéra et à l'Opéra-Comique, l'amour est le

Bonheur suprême !
Plaisir extrême !!

Pour MM. Séjour, d'Ennery, Anicet, Dugué, etc., l'amour est un drame.

Pour un prêtre ou une religieuse, l'*amour* est un sacrilége.

Sous la Terreur, l'amour était un petit *sans-culotte.*

Une jeune mariée voit l'amour couleur de *rose ;*

Un mari... trompé, le voit en *jaune ;*

Un buveur le voit en *gris.*

Pour une jeune fille encore vertueuse, l'amour c'est le paradis !

Pour une femme de trente ans, l'amour est un besoin.

Pour les femmes de l'âge de madame Thierret, l'amour c'est du luxe.

Pour mademoiselle Schneider, du Palais-Royal...... *c'est des bêtises...*

Pour les vieux, les imbéciles, le duc de B. et le prince D., l'amour est un moyen de dépenser de l'argent.

Pour mesdemoiselles Pichenette, Taquinette, Blaguinette et autres coquinettes, c'est un moyen d'en gagner.

Enfin pour... mais j'en ai assez dit sur le dieu malin,

comme disaient les marquis et les poëtes d'autrefois,
passons à un autre sujet.

Enfin ! nous avons donc entendu de nouveau le
bruit si doux et si éclatant des applaudissements, de
ces bravos qui sont au succès ce que les jolies dents
sont à une jolie femme ; c'est-à-dire, suivant l'expression de M. Prudhomme, « le complément le plus complet. »

La première représentation d'*Un Homme de rien*,
par M. Aylic Langlé, au théâtre du Vaudeville, a été
un véritable événement.

Événement comme succès ; événement comme chose
rare.

Oui, le Vaudeville vient de jouer une pièce qui a été
couronnée par le succès.

Oui, ceux qui sifflaient hier Barrière et Sardou, ont
été obligés de battre des mains et de s'enthousiasmer
comme de simples mortels.

Aussi, il fallait les voir s'étonner d'être ainsi heureux et transportés.

Après le premier entr'acte, on se rencontrait au
foyer en disant :

— Eh bien, on applaudit ?

— Elle est bonne !

— C'est qu'on ne siffle pas du tout.

— Pas du tout.

— On peut donc faire encore une bonne pièce ?

19.

— Le premier acte a été applaudi ; mais le second sera chuté et vous verrez que le troisième ne finira pas.

— C'est plus que probable.

Non-seulement le second acte n'était pas chuté, mais on lui faisait presque une ovation, et j'ai remarqué plus d'un visage sur lequel on lisait clairement :

— Ma foi, tant pis ; par les pièces qui courent, les succès sont rares et puisque celle-ci est excellente, applaudissons, applaudissons comme tout le monde.

Et ils applaudissaient si fort, qu'à la fin de la pièce, il fallut tout le bon goût de l'auteur pour ne pas paraître sur la scène, une habitude pour laquelle, — si j'étais commissaire de police — je ferais toujours conduire au violon MM. Alexandre Dumas fils et Sardou, sous l'accusation d'indécence et d'atteinte à la modestie.

Être poussé sur la scène par une nuée d'artistes et de figurants, est un honneur que des gens d'esprit devraient s'éviter comme étant toujours une situation du dernier grotesque.

Passons maintenant à *Un Homme de rien*, qui n'est, ni plus ni moins, que Richard Shéridan, une des gloires de l'Angleterre.

Dans l'origine, la pièce avait pour titre le nom du héros ; mais comme M. Alexandre Dumas a déjà fait il y a quelque vingt ans un Richard d'Arlington, M. Langlé a sans doute craint, et cela à juste titre, qu'on l'accusât de plagiat.

Le Richard de M. Dumas est peut-être d'une conception plus large que celui de M. Langlé, mais il est certes moins sympathique.

Richard Shéridan est ambitieux; mais son ambition ne coûte rien à personne, et si d'un homme de rien qu'il est au commencement de sa carrière, il devient ministre, c'est la faute des événements qui protégent son génie si fantaisiste.

Richard d'Arlington, au contraire, sacrifie son cœur et sa jeunesse à son ambition.

Une ambition qui voyait peut-être le trône dans ses rêves.

Sans doute, Richard Shéridan a sa petite vanité aussi; mais elle ne lui coûtera rien; pas un soupir, pas un regret, pas un regard de Suzannah sa bien-aimée.

Pour Suzannah il refuse la main d'une duchesse.

Pour moins que cela, Richard d'Arlington jette sa femme par la fenêtre.

La pièce de M. Langlé se termine au moment où Richard Shéridan est nommé ministre.

Le drame de M. Dumas se termine au moment où Richard d'Arlington meurt foudroyé, en apprenant qu'il est le fils du bourreau du village d'Arlington.

Triste dénouement pour une telle ambition.

Fatalité qui a presque l'air d'un châtiment céleste !

La comédie de M. Langlé est une pièce pleine d'intérêt, de passion et d'esprit; en un mot, c'est une œuvre plus complète que toutes celles qu'il nous a été donné d'entendre depuis longtemps.

C'est le second ouvrage de M. Aylic Langlé ; le premier était un *Murillo*, joué à la Comédie-Française.

Le succès que vient d'obtenir M. Langlé doit l'encourager fortement ; les portes de tous nos théâtres doivent s'ouvrir devant lui.

Il y aurait donc mauvaise grâce de sa part, à ne pas produire pour acquérir la célébrité, une prude qui s'est presque changée en fille galante pour le séduire plus rapidement.

Plusieurs amis d'Arnal assurent qu'il va publier ses *Mémoires.*

A propos d'Arnal, connaissez-vous les frères Bichonnet ?

Tout le monde connaît les frères Bichonnet, les rois lilliputiens de la chansonnette.

A la dernière représentation d'Arnal, ou plutôt le soir de la première et unique représentation du *Ménage de Césarine* , Arnal reçut , pendant *Riche d'Amour*, une magnifique couronne d'or — en papier.

A cet hommage, qu'il croyait venir du public, l'*Homme blasé* , sentit de grosses larmes qui perlaient le long de ses joues.

Au moment où Arnal allait presser la couronne

contre ses lèvres, l'inscription suivante lui sauta aux yeux : *les frères Bichonnet à Arnal !*

On eût dit à Arnal :

Coupart abandonne la régie du Palais-Royal ;

Votre chalet d'Interlaken vient d'être mangé par un de vos moutons ;

Que son étonnement eût été moins grand et son désespoir moins profond.

— Comment, disait-il, cette couronne que je croyais venir de la foule idolâtre, c'est aux frères Bichonnet que je la dois ! Enfer et transpiration !

Il venait à peine d'achever « transpiration, » que son habilleur annonça :

— Les frères Bichonnet !

Ils entrèrent, petits, petits, petits.

Quant à Arnal, la tête en arrière et le poing sur la hanche, il ressemblait à Frédérick, dans *Don César de Bazan.*

Cependant il adoucit légèrement son regard :

— Au fond — se dit-il — le mal n'est pas bien grand, et je récompense mal ce tendre élan de deux nobles cœurs...

Tout à coup, Anatole Bichonnet prit la parole :

— Illustre maître, dit-il, nous vous prions, mon frère et moi, de vouloir bien nous pardonner notre audace et...

— C'est bon, c'est bon, interrompit Arnal, qui ne leur en voulait déjà plus.

— Et... et... — continua Anatole — de vouloir bien nous accorder votre concours pour une représentation que nous voulons donner à notre bénéfice , le...

Mais Arnal ne les écoutait déjà plus et, s'enfuyant à toutes jambes, il criait :

— Au voleur ! à l'assassin !

L'histoire que nous venons de raconter a été pendant deux jours l'événement du foyer des Variétés.

Quelle triste chose que la pose pour le cœur, la reconnaissance et..... l'amour de l'art !

Vous avez dû lire, sur tous les murs de **Paris,** cette annonce bizarre :

— *Buvez du Surinam !*

Depuis le grand succès du Vaudeville on dit :

— *Buvez du Shéridan.*

Je crois que c'est Adrien Marx qui a dit le premier :

— *Le soleil luit pour tout le monde.*

Marx — dont nos petits enfants raconteront les hauts faits pendant la veillée — avait bien raison.

Le nombre des journaux français est aussi incalculable que :

Les étoiles du firmament ;

Les naïvetés de Mlle Alice Théric ;

Ou les amis de M. Henri Delaage ;

Et cependant, tous ces journaux vivent, et beaucoup vivent même largement.

Eh bien ! un de nos plus riches capitalistes veut en créer un nouveau : qui doit écraser les plus forts et les plus faibles.

Ce nouveau journal, qui doit causer une véritable révolution dans le journalisme, prendra pour titre le nom d'une des feuilles les plus réputées de la Restauration.

C'est *le Nain Jaune*.

Le capitaliste dont nous avons parlé plus haut, met 100,000 francs à la disposition de ce nain qu'il veut changer en géant.

Le théâtre de la Porte-Saint-Martin a remonté *Charles VII chez ses grands vassaux*.

Reste à savoir si *Charles VII* remontera le théâtre de la Porte-Saint-Martin.

On demandait un jour à M. d'Ennery pourquoi il n'assistait jamais au banquet Molière.

— Pour quelle raison, répondit le spirituel auteur du *Médecin des Enfants*, voudriez-vous que j'assistasse, tous les ans, au banquet d'un confrère qui fait trouver toutes mes pièces mauvaises !

XI

Une histoire du maréchal de Castellane. — Les courses du bois de Boulogne. — Dialogues entre Mlles Turlurette, Pichenette, etc., etc. — La voiture à roues d'argent de Mlle Tautin. — Un comte qui tombe foudroyé en entendant annoncer les frères Lyonnet. — — *La Dame aux Camellias* aux Folies-Dramatiques. — Mlle Duverger et Marguerite. — L'unique jeune premier de Paris. — M. Laferrière. — MM. Augier et Samson marchands de toile. — *L'oiseau fait son nid.* — L'arrivée de Mlle Gervais à Paris. — Mme Thierret qui ressemble à Mlle Théric. — Une femme d'esprit. — Mlle Alice Ozy. — Maman s'appelle Mlle K... des Variétés. — Voltaire, rédacteur du *Nain Jaune*. — *Louis XI*. — Mlle Chose répète avec M. Machin. — Où peut conduire l'amour. — *Les Pilules du Diable.* — Une actrice qui n'a pas besoin de perruque pour jouer *le Cheveu blanc*. — Darcier à table. — *Zampa.* — M. Montaubry. — Mlle Zoé Bélia. — Papa n'a pas de chance. — M. de Leuven est-il content ? — Le polichinelle du bon Dieu.

Une histoire du maréchal Castellane.

En passant une inspection, il s'adresse à un soldat :

— Quels sont vos parents ?

— Mon père est menuisier, ma mère est blanchisseuse.

— Vous n'en n'avez point d'autres.

— Si, j'ai une sœur..... elle a mal tourné..... il vaut mieux ne pas en parler.

— Ah ! tant pis.

Et, s'adressant à un second : que font vos père et mère ?

— Mon père est menuisier, ma mère est blanchisseuse...

— Tiens ! et vos autres parents ?

— J'avais une sœur... elle a mal tourné... il vaut mieux n'en pas parler...

— Bigre ! fait le maréchal en regardant poindre une *scie* à son intention ; cependant, passant à un troisième : quel est le métier de vos parents ?

— Mon père est menuisier, ma mère...

— N. de D !..... est blanchisseuse ! votre sœur est une c.... vous me ferez huit jours de salle de police !

Passons aux dernières courses du bois de Boulogne.

Comme toujours, les gandins, les comédiennes et les biches étaient en majorité.

Vous croyez peut-être que tous ces gens-là s'occupent de savoir si c'est Bisbille, de M. le duc de Morny, ou Villafranca, de M. le comte de Lagrange, qui arrivera le premier ?

Quelle erreur !

Pour une grande partie du public, les courses ne sont plus aujourd'hui qu'une affaire de toilette ou de livrée.

En Turquie, les femmes vont se vendre en pleurant dans des bazars soigneusement couverts.

Plus douces et plus gaies, les Parisiennes viennent s'offrir aux courses, le front radieux, les joues couvertes de poudre de riz et le sourire sur les lèvres.

Au plus généreux, le regard le plus langoureux, le sourire le plus gracieux, l'étreinte la plus enivrante.

Quant aux conversations, elles sont dignes du maquillage.

En voici des échantillons :

— Où dînez-vous, ce soir, cher comte?

— Où tu voudras, mon ange.

— Antonia n'est qu'une grue.

— Quand tu étais mieux entretenue qu'elle, tu disais le contraire.

— Comprend-on ce petit vicomte de Saint-Nicodème, qui *débine* Juliette au vieux duc de Monstrerkoff?

— Mais Juliette est un trésor.

— Une fille qui ne lui a jamais coûté plus de cinq mille francs par mois.

— O les hommes ! deviennent-ils canailles !

— Et avares !

— Dis donc, tu sais bien la petite Léonie, qu'on disait mariée ?

— Oui, eh bien ?

— La revoilà des nôtres.

— Je te disais toujours qu'elle reviendrait.

— Tu sais que le vieux baron de Pichenette l'a quittée.

— Pourquoi ça ?

— Elle avait une toquade pour son cocher.

Et bien d'autres propos que je n'oserais pas vous répéter.

L'attelage le plus remarqué a été celui de mademoiselle Tautin qui, avec son équipage à roues d'argent, ses quatre chevaux noirs, ses jockeys vêtus de velours bleu à franges d'argent et à perruques poudrées ; faisait l'admiration générale.

Lambert Thiboust vient de terminer un drame. Le style et les situations saisissantes de cet ouvrage nous permettent de lui prédire un succès immense.

A l'appui de ce que j'avance, je ne ferai que citer ce petit passage de la dernière scène du quatrième acte :

(La scène se passe au milieu d'un grand bal, chez le comte de M... à Venise.)

LE COMTE DE M. (comme fou).

Dans cette fête, Seigneur ! ma fortune m'a été volée ! ma femme s'est empoisonnée pour le chevalier Rafaélo ! ma fille a été violée par le batelier Gerominetto ! Seigneur, Seigneur ! quel malheur pourrez-vous donc encore m'envoyer ? ? ?

Un laquais (annonçant).

Les frères Lyonnet !

. . . .

(Le comte tombe et meurt foudroyé.)

Le voisin de M. de Chilly, M. Harel, tient aussi son succès, un grand succès même, avec la reprise de *la Dame aux Camellias*.

Nous ne nous étions pas trompé en disant que cette pièce était une fortune pour les Folies-Dramatiques.

Jamais ce théâtre n'a eu un public aussi élégant.

C'est maintenant le Vaudeville de la rue de Bondy.

M. Alexandre Dumas fils a été enchanté de ses nouveaux interprètes. Cela ne nous étonne pas.

Mademoiselle Duverger ne manque pas d'un certain talent dans le rôle de Marguerite Gauthier, et nous ne sommes pas entièrement de l'avis de notre confrère, qui a écrit que mademoiselle Duverger avait plutôt le plumage que le ramage de cette Madeleine repentante.

Jolie et gracieuse au possible, mademoiselle Duverger a parfaitement joué les premiers actes, et si les difficultés du cinquième avaient pu lui être aplanies par les conseils d'un bon professeur, comme MM. Samson ou Provost, elle eût été complète.

Le seul, l'unique jeune premier de Paris, M. Laferrière, a obtenu un véritable triomphe dans le rôle d'Armand Duval.

Plein de tendresse, de chaleur, d'élégance et de passion, il a joué ce nouveau rôle en grand artiste.

Au quatrième acte, l'enthousiasme du public se changeait en délire.

— C'est tout le talent de son père que j'ai vu, il y a vingt ans, à la Gaîté ! disait à la sortie, un brave commerçant à madame son épouse.

Avec les premières chaleurs, le public déserte les théâtres, pour aller — n'importe où — respirer l'air pur et vivre dans une atmosphère qui ressemble le moins possible à celle du Sahara.

Et le public a bien raison.

Pour l'attirer, ce bon public, il faut donc que MM. les directeurs déploient leurs marchandises les plus belles, c'est-à-dire, — les pièces les meilleures, les artistes les plus aimés, les décors « entièrement nouveaux, » comme dit la formule.

Ceci étant bien posé, — je ne crois pas que *les Pilules du Diable* puissent empêcher quelqu'un : d'aller ou de revenir de la campagne pour les avaler à la Porte-Saint-Martin.

Ce pauvre M. Marc-Fournier n'a décidément pas de

chance, et malgré ses nombreux défauts, on sent la pitié s'emparer de soi quand on pense aux mauvais jours qu'il a déjà passés et à ceux qui l'attendent peut-être encore.

Le jour de la première représentation de la reprise des *Pilules du Diable*, j'ai entendu des gens qui disaient en voyant tomber, tableau par tableau, cette reine des féeries :

— Fournier a eu ses Cent-Jours avec *le Bossu*, maintenant il est perdu.

Vous le voyez, M. Fournier, voilà toute votre oraison funèbre, et encore a-t-elle été composée par un de vos amis, ou plutôt un de vos derniers défenseurs.

Depuis longtemps nous n'avions vu un spectacle aussi triste, aussi ennuyeux que cette reprise.

Je ne sais qui avait fait la salle, mais tout ce que je puis vous dire, c'est qu'une masse de fauteuils de l'orchestre et du balcon étaient vides.

Ce n'est pas tout, à partir de minuit presque tout le monde s'en alla, et les places furent occupées par des comédiens de différents théâtres, dont la représentation était terminée.

Pas un truc, pas un costume, pas un décor n'a bien fonctionné.

Cette représentation avait l'air d'une avant-dernière répétition générale. Et encore !

Les journalistes étaient furieux.

Et vous devez penser, si les dialogues dans le genre de celui-ci, devaient pleuvoir, — sans rafraîchir la salle :

ADOLPHE CHOLER. — Quand on pense qu'ils sont parvenus à rendre emb... *les Pilules du Diable.*

GASTON DE SAINT-VALRY. — Mais c'est le *Pied de Mouton* au théâtre de Montmartre, que nous voyons-là.

AURÉLIEN SCHOLL. — Ah ça! il ne va pas finir, leur ballet, voilà trois jours qu'il dure.

EUGÈNE CHAVETTE. — Nous ne sommes qu'au quinzième tableau, il est deux heures du matin, et comme je ne me souviens plus du prologue, je vais envoyer une ouvreuse à Fournier, pour le prier de recommencer la pièce.

TOUS. — A la porte, Chavette ! à la porte !

EUGÈNE CHAVETTE. — Eh bien, tenez, j'aime mieux ça.

TOUS. — Du tout, tu vas rester là.

LAMBERT THIBOUST. — Il faut qu'il meure avec nous !

Il y avait un bénéfice au théâtre des V... Deux gamins étaient devant l'affiche.

— Tiens, dit le premier, on joue *le Cheveu blanc.*

— Par qui ?

— Par mademoiselle Z...

— Ah ! ben, encore une qui n'aura pas besoin de perruque pour jouer ce rôle-là.

Comme ces titis sont méchants !

Darcier dînait dans un restaurant où le service était long — comme Bache.

— En voilà des entr'actes, murmurait Darcier ; puis, arrivé au comble de l'impatience, il se mit à crier :

— Ah ! çà garçon, il y a donc un décor de glaces ?

Un jeune journaliste se trouvait entre deux actrices qui disaient que l'amour était un poison.

Sans dire un mot le jeune homme se leva et alla s'asseoir dans un autre coin du foyer.

— Pourquoi ne restez-vous pas assis entre nous ? demandèrent les deux dames.

— Parce que — répondit le jeune X..., je ne voulais pas rester entre deux poisons.

Au numéro 75 de la rue de Rivoli, on peut lire l'enseigne suivante : *Augier et Samson, marchands de toiles.*

Que M. Samson se soit établi marchand de toiles, cela n'a rien de bien étonnant, puisqu'il s'est retiré du théâtre jeune encore, et qu'il lui fallait nécessairement entreprendre une autre profession — très-honorable du reste — pour subvenir à ses habitudes de luxe et de prodigalité.

Mais, ce qui nous étonne fortement et qui étonnera de même bien du monde, c'est que, malgré un succès de CENT représentations, M. Émile Augier ait été assez affecté des critiques de M. Louis Veuillot contre *le Fils de Giboyer*, pour abandonner une carrière qui, en définitive, pouvait encore lui produire d'aussi jolis succès que ceux de MM. Clairville ou Ernest Blum.

La seule nouveauté « nouvelle » de la semaine a été : *l'Oiseau fait son Nid*, un petit acte au Palais-Royal, dont voici le sujet en deux mots :

Un jeune commis des *Villes de France*, cherche une femme... à épouser ; il déménage tous les trimestres, et, sous la forme d'un Anglais et d'une marchande à la toilette, il tente les instincts coquets de ses nouvelles voisines.

Mademoiselle Elisa Deschamps ayant résisté à tous les bijoux, les dentelles et les cachemires de ce calicot — qui rappelle en petit, petit, l'histoire de Jupiter et de Danaé, — il l'épouse.

Ça n'est pas plus malin que ça.

Ainsi, parce que mademoiselle Deschamps a refusé des toilettes que mademoiselle Duverger n'oserait même pas offrir à sa femme de chambre, M. Berthelier n'hésite pas un seul instant à l'appeler sa femme.

Cela prouve que mademoiselle Deschamps n'est pas coquette, voilà tout ; et quoique M. Berthelier soit de mes amis, j'avoue que sa naïveté est beaucoup trop grande et que je serais fort aise s'il était.......u.

Il y a, dans cette pièce, un petit objet qui est ma foi très-gentil.

Ce petit objet, c'est mademoiselle Gervais.

Voici maintenant pourquoi j'appelle mademoiselle Gervais un petit objet.

Il y a quelques années , — pas vingt-cinq , — M. Ambroise, des Variétés, revenait d'une tournée en province.

Le lendemain de son arrivée , M. Ambroise fit porter au théâtre une grande malle, contenant différents cadeaux pour ses camarades ; ainsi, il y avait :

Un petit volume des *Contes de Berquin* et un sucre d'orge pour mademoiselle Alphonsine.

Un flacon d'eau de Jouvence pour mademoiselle Scriwaneck ;

Un petit bouton... d'or pour mademoiselle Lucile Durand ;

Un peu de coton pour mademoiselle Ferreyra, etc.

Et enfin, pour M. Hippolyte Cogniard, il y avait tout au fond de la malle, une délicieuse petite poupée qui n'était autre chose que mademoiselle Gervais !

La jolie petite poupée, c'est-à-dire mademoiselle

Gervais, a joué plusieurs jolis petits rôles aux Variétés ; dernièrement elle était aux Bouffes, et hier, nous l'avons revue au Palais-Royal.

Physiquement, mademoiselle Gervais est charmante, elle est une petite comédienne très-intelligente, et si elle veut devenir une actrice sérieuse, il faut qu'elle ne quitte plus ce théâtre où les artistes de talent pullulent, et surtout qu'elle travaille un tout petit peu plus que mesdemoiselles Crénisse ou Prevost.

A propos du Palais-Royal, il nous revient un mot d'un des fournisseurs habituels.

Voici le mot :

Cet auteur possède un nez qui en ferait dix comme celui de mademoiselle Page ; il jouait un soir, au baccarat, chez le duc de M...

L'auteur en question, — qui prise comme madame Thierret, — était si occupé du résultat de la partie, qu'il ne s'apercevait pas qu'une goutte de rosée perlait au bout de son nez.

— Mais mouche-toi donc, Eugène, lui cria mademoiselle Schneider, qui se trouvait là aussi.

— Mais mouche-moi toi-même, lui répondit le spirituel vaudevilliste, le bout de mon nez est bien plus près de toi que de moi.

Il y a rue Richelieu, à côté du passage Mirès, un

marchand de tabac qui vend aussi des portraits-cartes.

— Eh bien ? me direz-vous.

Eh bien, vous répondrai-je, il y a là un magnifique portrait de madame Thierret qui tient au-dessus de sa noble tête un immense parapluie tout ouvert.

Vous voyez d'ici la *binette*, comme on dit chez le prince de X...

Et au-dessous de ce portrait, très-ressemblant, du reste, le marchand a écrit : Alice Théric.

A propos de mademoiselle Alice Théric, qui, comme chacun le sait, n'a pas acheté le fond de Voltaire, permettez-moi de vous parler un peu d'une des plus charmantes femmes du demi-monde artistique parisien, de mademoiselle Alice Ozy.

Mademoiselle Ozy, qui a fait de si heureuses créations aux Variétés, du temps de mesdames Page et Constance, passe, à juste titre, pour une femme pleine d'esprit et d'amabilité.

J'ignore si mademoiselle Ozy a autant de galants que cette meunière de Pomponne, qui était si jolie et si cruelle, que les soupirs de ses amants suffisaient seuls pour faire tourner les ailes de son moulin ; tout ce que je puis vous dire, c'est que mademoiselle Ozy est recherchée par la société la plus agréable et la plus spirituelle de Paris.

L'autre jour, une jeune dame, très-élégante, promenait sa petite fille, âgée de cinq ans, dans le jardin des Tuileries.

Un étranger à qui la mère plaisait beaucoup, offrit des bonbons au petit baby, puis, pendant que la mère était distraite par je ne sais quoi, l'étranger demanda au baby en question comment s'appelait sa maman.

Et l'enfant terrible de répondre :

— Maman, s'appelle mademoiselle Keller, des Variétés !

Les premiers numéros du *Nain Jaune* ont enfin paru.

Malgré un tirage de 20,000 exemplaires, je connais bien des gens qui n'ont pu encore en obtenir un seul.

En trois numéros, notre ami Aurélien Scholl a donné à ses lecteurs des articles de :

MM. Méry, de Pontmartin, Francisque Sarcey, Xavier Aubryet, Charles Monselet, Théodore de Langeac, Henri Rochefort, Albert Wolff, Louis Leroy, Balthazar, etc., etc.

En outre de cette splendide rédaction, qui va s'augmenter encore des écrivains les plus aimés de notre époque, tels que : MM. Jules Janin, Fiorentino, Albéric Second, Paul de Saint-Victor, etc., etc., on parle d'un nouveau collaborateur dont la célébrité est universelle.

Cet écrivain, qui donne sa copie gratis au *Nain Jaune*, s'appelle tout simplement : Voltaire !

Voltaire, dont on vient de donner cinq cents lettres inédites à Aurélien Scholl !

Je voudrais terminer ces quelques lignes en souhaitant un immense succès au *Nain Jaune ;* mais ce serait perdre mon temps, car sa vogue a déjà dépassé les espérances les plus féeriques.

Du *Nain Jaune*, passons sans hésiter au *Louis XI,* de Casimir Delavigne, qu'on vient de reprendre à la Comédie-Française.

Le plus grand succès de cette reprise a été pour M. Geffroy, qui a joué le rôle de Louis XI avec un talent remarquable.

Son quatrième acte a été sublime, et nous sommes de l'avis de M. Henri de Pène, qui a écrit dans son spirituel compte-rendu de la *Gazette des Étrangers :*

« Ce rôle est un des grands triomphes de la carrière de Geffroy, et cette représentation augmente les regrets de sa retraite, s'il est vrai que l'époque en soit fixée et prochaine. »

Les autres rôles sont, du reste, très-bien tenus; et MM. Régnier, Delaunay et mademoiselle Favart, sont les rayons éclatants du soleil Geffroy.

Voici une découverte que j'ai faite l'autre soir, dans les coulisses du théâtre de ***.

Lorsqu'une actrice se lie avec un comédien, on dit :

Mademoiselle Chose répète avec M. Machin.

Ainsi, cette semaine, mademoiselle A... répétait avec M. Berton ;

Mademoiselle L..., avec M. Laferrière ;

Mademoiselle T..., avec M. Lassouche du Palais-Royal ;

Mademoiselle T..., avec M. Léonce, des Bouffes.

Pour ce genre de pièces, les répétitions durent ordinairement quinze jours ou trois semaines, mais rarement un mois.

Un journaliste de nos amis était follement épris d'une petite figurante d'un de nos plus petits théâtres, qui était la maîtresse d'un ébéniste.

L'autre soir, voulant absolument séduire la future Dorval, il lui offrit un souper magnifique, puis de l'or, puis un rôle.

La petite refusa tout.

Enfin, tellement irrité de cette étonnante fidélité à un pauvre ouvrier, Xavier Aubryet — c'était lui ! — s'écria :

— Veux-tu que je me mette en blouse !

Les honneurs de la semaine reviennent à l'Opéra-Comique.

La reprise de *Zampa*, le chef-d'œuvre d'Hérold, a été un véritable triomphe pour tout le monde, et depuis la première représentation de M. Léon Achard dans *la Dame Blanche*, il y a près d'un an, l'Opéra-Comique n'avait pas encore obtenu un pareil succès.

Le poëme de *Zampa* n'est pas de première force, et le sujet n'est qu'une mauvaise imitation de *Don Juan*, de *Macbeth*, et de vingt autres pièces où les jolis chefs de brigands enlèvent les jeunes filles.

Le musique, au contraire, est un véritable chef-d'œuvre et ressemble plutôt à un opéra qu'à un opéra comique.

Romances, duos d'amour, duos comiques, chansons à boire, chœurs, barcarolles, se trouvent traités dans *Zampa*, avec un charme, une verve, un brio, une douce langueur qui sont loin de l'art... mais bien près du génie.

A l'exception de mademoiselle Cico, l'exécution de *Zampa* a été complète.

Autrefois, dans *la Dame Blanche*, par exemple, mademoiselle Cico, qui ne manque pas d'un certain talent, se donnait la peine de phraser et de chanter.

Aujourd'hui, dans la crainte, sans doute, de paraître laide et de fatiguer ses traits, mademoiselle Cico daigne à peine ouvrir la bouche; elle ne chante plus, elle soupire, et le public en est quitte pour ne rien entendre du tout.

Une actrice qui ne laisse rien à désirer, elle, c'est mademoiselle Zoé Bélia.

Mademoiselle Bélia n'a pas peur de faire la gri-

mace quand elle chante, il est vrai qu'elle grimace ado-
rablement.

Son jeu est franc et comique sans être commun ; ses
procédés de comédienne sont petits, mais pleins de
grâce et de gentillesse ; sa voix est claire et vibre
d'une façon pleine de charme et de séduction.

Je ne dirai pas, comme M. Chadeuil du *Siècle*,
que M. Montaubry m'est antipathique ; mais j'avoue-
rai que c'est la première fois que cet artiste a été
aussi complet.

Il a très-bien joué et chanté ce rôle de *Zampa*,
qui est véritablement écrasant.

M. Montaubry excelle dans la romance, aussi il a
chanté délicieusement :

> Patience,
> Confiance, etc.

ainsi que :

> Pourquoi trembler, c'est moi qui vous implore.

Somme toute, ce rôle sera un succès complet pour
M. Montaubry, quand il aura changé son vilain costume de velours noir brodé d'or, qui est d'un goût détestable.

Et maintenant, M. de Leuven est-il content ?

Un jeune fils de famille ayant perdu une somme assez ronde à Ems, écrivit à son père pour le prier de lui envoyer un peu d'argent.

Le père répondit par une lettre de quatre pages, pleine de conseils et de remontrances. Cette lettre contenait 500 francs qui ne devaient servir qu'au retour « du fils dénaturé. »

Le fils prit les 500 francs et courut immédiatement les mettre sur la noire.

Ce fut la rouge qui sortit.

— Décidément, dit aussitôt le « fils dénaturé, » papa n'a pas de chance !

Une petite fille de cinq ans, se trouvant à la messe, admirait le costume plus doré que de coutume du suisse de l'église, dont elle ignorait les fonctions. Enfin, sa curiosité n'y tenant plus, elle dit à son père :

— Dis donc, papa, ce beau bonhomme tout plein d'or, est-ce que c'est le polichinelle du bon Dieu ?

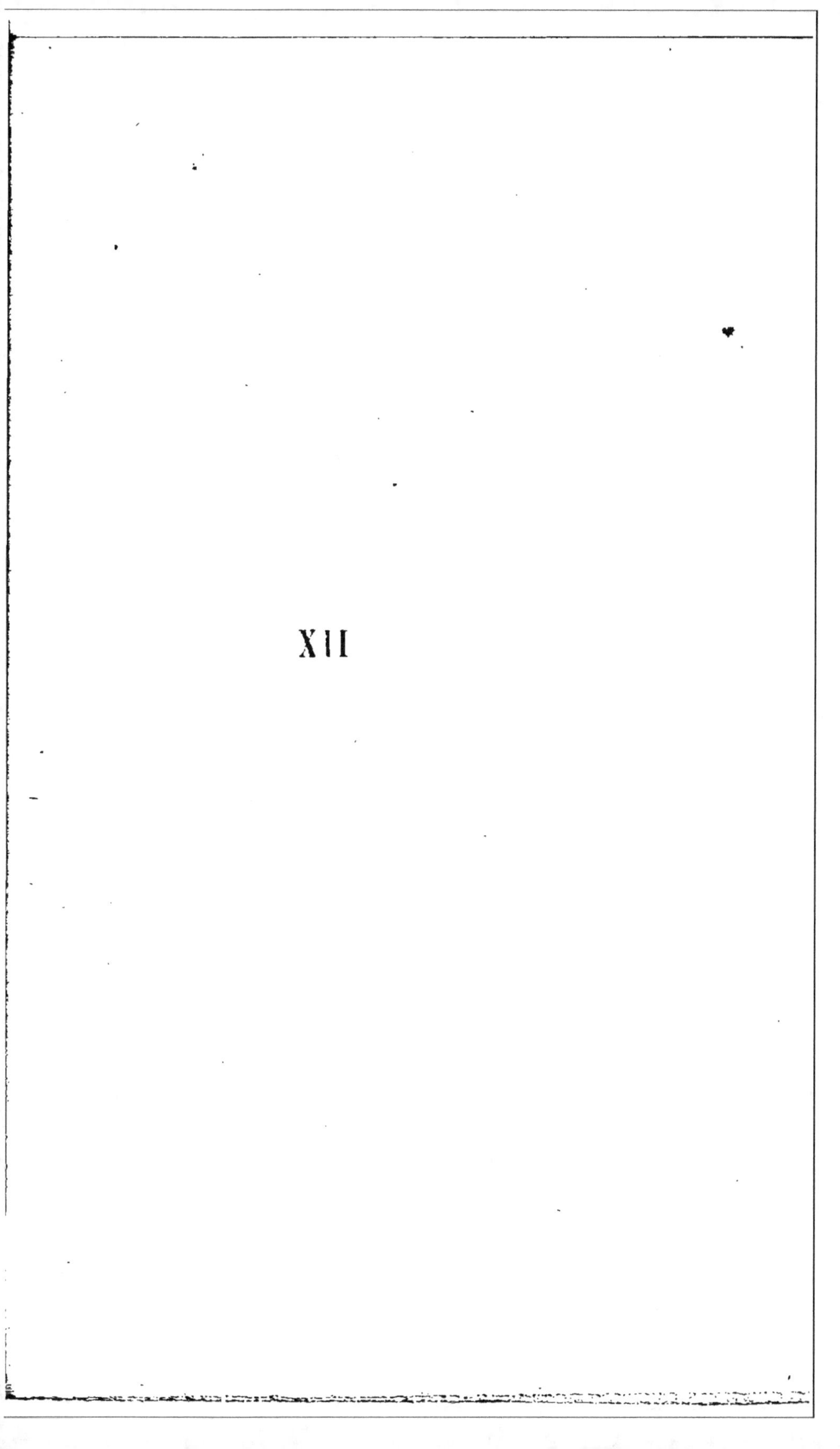

XII

XII

Lettres à M. Henri de Pène. — La *Gazette des Étrangers*. — Un guide charmant. — Le Roi des Belges et M. Pastelot. — Hé! l'enflé! — M. le duc de Gramont-Caderousse. — Jules Prével et Émile Abraham. — *Quand on a ses nerfs*. — M. Charles Narrey. — Mlle Philippe et l'éventail de Madeleine Brohan. — *Lischen et Fritzchen*. — MM. Briguiboul, Paul Boisselot, Jacques Offenbach et Mlle Zulma Bouffar. — Nassau. — Coblentz. — Le pont de bateaux du Rhin. — Les filets de Brébant. — *Les chaînes de fleurs*. — David et Goliath. — Une lettre de M. le Procureur Impérial. — Devant la police correctionnelle. — Me Lachaud. — Me Carraby. — M. Paul de Cassagnac. — Un mois de prison. — Le Dépôt de la Préfecture. — M. Claude. — M. Lerouge. — Le moyen d'obtenir un londrès. — La voiture cellulaire. — Ce que Victor Hugo appelait : *le Char de la mort*. — Vingt jours à Sainte-Pélagie. — M. Lefébure. — M. Paty. — Le brigadier Mechin. — M. Jules Miot. — M. Blanqui. — La chaleur de l'ombre à Sainte-Pélagie. — Le vingt-quatre août.

Bade, Ems, Hombourg, Spa, etc., etc., en un mot, les principales villes d'eau de l'Allemagne, sont aujourd'hui aussi fréquentées par le public parisien, que le Bois de Boulogne.

Permettez-moi donc de vous transporter à Ems —
par correspondance.

Ems, mercredi 25 juillet 1863.

A Monsieur Henri de Pène, rédacteur en chef
de la *Gazette des Étrangers.*

(PREMIÈRE LETTRE.)

« Cher Monsieur,

« Ainsi que je vous l'ai promis le jour de mon départ, je vous adresse quelques lignes sur Ems.

« Je vous l'avoue, non sans honte, je n'avais jamais
voyagé ; et le but de mes excursions les plus loin-
taines n'avait jamais dépassé Versailles ou l'Odéon.

« Aussi ce petit voyage m'apparaissait-il, depuis
huit jours que je le caressais, comme le bonheur le
plus parfait, comme le comble du plaisir.

« J'étais fier de moi-même ; il me semblait qu'à l'ins-
tar de Christophe Colomb, j'allais découvrir un nouveau monde, et que les aventures de Gulliver ou de
Robinson Crusoé ne seraient que des spectres à côté
des miennes !

« Parti seul de Paris lundi à cinq heures du soir,
j'ignorais vraiment comment je parviendrais à sortir
de tous les tracas de la route, lorsqu'en montant en
wagon, je fis la rencontre d'un jeune compagnon plein
de gaieté, d'esprit et de bon ton, qui retournait à Ems

et qui se chargea de me servir de guide le plus galamment du monde.

« Il tint parole. Tout le long de la route,—me voyant très-maladroit dans ce genre d'exercice, — il m'ouvrit ou me ferma, selon mon désir, les rudes portières et vitres du wagon.

« Il me prêta ses journaux ; et c'est avec un véritable battement de cœur qu'à Saint-Quentin je lus les nouvelles de France dans la *Patrie*, comme si j'étais parti pour la Chine depuis dix ans.

« Arrivé en Belgique, à Verviers, nous prîmes du bouillon, et j'eus un accès de fou-rire, en admirant un immense portrait à l'huile du roi Léopold, qui ressemblait d'une façon étonnante à Pastelot, un des joyeux comiques des Variétés.

« La vue de ce portrait me fit d'autant plus rire que le roi y était représenté en uniforme de général, et que, sous ce costume, il me rappelait exactement ce brave Pastelot, lorsqu'il jouait les généraux au Cirque et criait à son nombreux et brillant état-major :

« — *A chual!* Messieurs, *à chual!*

« A Cologne, je crus que je n'arriverais jamais à Ems. Mon compagnon avait profité de ce que je faisais visiter mes malles pour aller fumer un cigare en plein air.

« Il n'y avait pas un seul Français dans la gare, je sentis une sueur froide couler dans mon dos.

« Tout à coup, près du buffet, j'entendis :

« — Hé ! l'enflé !

« C'était mon compagnon de voyage qui appelait un petit Allemand gras et rose, âgé de huit à dix ans, pour lui acheter l'*Indépendance belge*.

« J'étais sauvé. Pendant que nous traversions le Rhin sur un bateau à vapeur, le ciel était tout noir et il tombait une petite pluie fine qui m'empêcha de voir ce coin de l'Allemagne dont les hautes montagnes vertes et les châteaux gris bâtis sur des pics font, par un ciel bleu et un soleil d'or, une des vues les plus ravissantes qu'un peintre puisse rêver.

« A huit heures trois quarts du matin, nous arrivâmes à la gare d'Ems, où je dis au revoir et merci à mon charmant guide, qui était, je puis le dire maintenant, M. le duc de Gramont-Caderousse.

« Après bien des paroles et une pantomime qui eût fait rougir Deburau, je parvins à me faire conduire à un hôtel qui m'avait été indiqué et où logeaient deux de mes amis : Jules Prével et Émile Abraham.

« Émile Abraham partait à l'instant même ; je pris sa chambre, et je priai Prével de remplacer le duc de Gramont - Caderousse , c'est-à-dire de me servir de cicérone.

« Après le dîner, que nous fîmes sous les grands arbres du Kursaal, nous nous rendîmes au théâtre, où l'on donnait deux premières représentations :

« 1° *Quand on a ses nerfs*, par M. Charles Narrey ;

« 2° *Lischen et Fritzchen*, opérette inédite de MM. P. Boisselot et Offenbach.

« La comédie de M. Narrey, qui se passe sous Louis XV, est ravissante.

« L'intrigue, une intrigue d'amour, — comme bien vous le pensez, — est vive, bien conduite, et, ce qui ne gâte rien, assaisonnée de mots fort spirituels.

« Les interprètes de M. Narrey étaient M. Febvre, mesdames Philippe et Desmonts.

« Madame Desmonts a joué son rôle de soubrette avec une verve qu'Augustine Brohan eût applaudie.

« La jolie mademoiselle Philippe, presque entièrement remise de l'accident qui lui est arrivé la semaine dernière dans une promenade à cheval, a manié le rôle et.... l'éventail de la comtesse avec une grâce et un charme dignes de Madeleine Brohan.

« M. Frédéric Febvre représentait l'éternel chevalier avec ce talent et cette élégance qui en font le Bressant de M. de Beaufort.

« Quant à *Lischen et Fritzchen*, l'opérette de MM. Boisselot et Jacques Offenbach, c'est une drôlerie très-réussie, un petit bijou d'inspiration et de mélodie qui obtiendra, — avec mademoiselle Zulma Bouffar, — un triomphe à Paris.

« Après le spectacle, qui a fini à dix heures, nous allons faire un petit tour dans les salles de jeu, où mon ambition fut satisfaite quand j'eus gagné trois doubles frédérics.

22.

« Prével, qui devait partir le lendemain, ne veut plus jouer ; il a gagné 1,400 francs pendant son voyage, et il se trouve cent fois plus heureux que le duc de Gramont-Caderousse, qui vient de gagner 6,000 fr. en une heure.

« Sur ce, cher monsieur de Pène, comptez sur une nouvelle lettre de moi aussitôt que la pièce d'Aurélien Scholl aura été jouée, et agréez l'assurance des sentiments les plus distingués de

« Votre tout dévoué

« VICTOR KONING. »

Ems, lundi soir, 31 juillet 1863.

(DEUXIÈME LETTRE.

« Quel beau pays !

« Quel charmant pays

« Quel adorable pays !

« Je croyais qu'il n'y avait que Paris où l'existence fût possible.

« Quelle erreur !

« Combien, maintenant, je préfère à l'atmosphère épaisse des boulevards ou à la pièce ridicule de tel ou tel auteur, Ems avec ses hautes montagnes dont les pieds sont baignés par la Lahn, une jolie rivière où tout se reflète et brille.

« Aimant peu le jeu, je passe mes journées en excursions.

« J'ai visité Nassau, un petit pays qui fait l'admiration de tous les artistes et ravit les peintres par sa campagne et ses habitations si pittoresques.

« J'ai vu Coblentz, mais je n'y ai remarqué, comme habitants, que des soldats et des chiens qui parcouraient la ville par bandes.

« Enfin, j'ai passé sur le fameux pont de bateaux établi sur le Rhin.

« J'ai admiré avec un profond respect ces vieux burgs dont les tourelles grises et couvertes de mousse semblent courber la tête au souvenir glorieux de Louis XIV et de Napoléon.

« Entre nous, quoique prenant tous mes repas au Kursaal, — le café Riche d'Ems, — je ne suis pas fou de la nourriture allemande.

« Ils ont ici l'habitude de vous faire, pour tous les plats, une sorte de sauce à l'eau de Cologne qui me fait penser aux délicieux filets de Brébant.

« En revanche, nous buvons du vin du Rhin excellent.

« La société qui vient prendre les eaux d'Ems est aussi distinguée qu'on peut le désirer.

« En tête du monde parisien, on y voit M. Baroche, l'ancien ministre, l'élégante madame de Persigny, M. le marquis de Lagrange, M. le marquis et madame la marquise d'Aoust, M. de Rothschild et sa famille, etc.

« Quant aux barons, aux ducs et aux princes allemands, ils sont aussi nombreux que... les amants de mademoiselle Z..., du Palais-Royal.

« Le soir, tout le monde se retrouve au trente-et-quarante ou à la roulette.

« Hier, nous étions quatre assis l'un à côté de l'autre, jouant une même partie dont les chances méritent d'être rapportées.

« Je commence par le plus faible.

« En l'espace d'une heure, j'ai gagné à peu près cent vingt francs;

« Aurélien Scholl a gagné mille francs;

« Le duc de Gramont-Caderousse a perdu une dizaine de mille francs;

« Et M. de Miranda a gagné quarante-cinq mille francs !

« De la comédie si bizarre de la fortune, passons à celle d'Aurélien Scholl : *les Chaînes de fleurs*, un petit bijou dramatique qui obtiendrait chez M. Montigny le même succès que *le Piano de Berthe* ou *Midi à quatorze heures*.

« L'intrigue des *Chaînes de fleurs* est aussi légère que son titre, mais ravissante.

« Olivier de Luçay est, depuis un an, l'amant de mademoiselle Fenella, une rose du ballet de M. Émile Perrin.

« Au contraire de toutes les danseuses, Fenella aime avec ardeur et sincérité. On se lasse de tout, même du bonheur ! Olivier voudrait donc se séparer de Fenella, qui lui devient insupportable.

« Olivier est au désespoir, comprend-on cela ? Il n'y a qu'une seule ballerine au monde qui puisse aimer ardemment, et c'est lui qui la possède.

« Ce bonheur complet le fait engraisser et l'agace.

« — Ce sont des chaînes de fleurs, dit-il, mais ce « sont toujours des chaînes ! »

« Pour faire changer ce paradis, qui est un enfer pour lui, Olivier conseille à un de ses amis, une espèce de niais qui arrive de voyage, de faire la cour à Fenella et de la lui enlever.

« Le moyen est un peu vif, mais original.

« Fenella, qui se doute de tout, fait semblant d'accepter les hommages qui lui sont offerts, jusqu'au moment où Olivier, exaspéré, furieux, finit par avouer à Fenella qu'il s'était trompé et qu'il l'adore toujours.

« Mais la douleur a brisé tout d'un coup le cœur de Fenella, qui lui dit :

« — Je ne vous en veux pas, Olivier, tout a une « fin, même l'amour éternel ! La vanité vous a ramené, « la jalousie vous a mis des fleurs à la main ; mais, « hélas ! on ne rallume pas les cendres. Ne plus aimer, « n'est qu'un malheur, ne pas le dire est une injure. « Voilà vos chaînes ! »

« Et elle jette aux pieds d'Olivier le bouquet que ce dernier vient de lui donner.

« Ainsi que je l'ai déjà dit plus haut, la pièce d'Aurélien Scholl est ravissante ; et le nom seul de l'auteur est une véritable lettre de change de mots fins et spirituels tirée sur lui-même, qu'il paie avec la régularité de la Banque de France.

« Il y a surtout un mot, cher monsieur de Pène, qu'on reconnaîtrait entre mille pour être la propriété d'Aurélien Scholl, le voici :

« Lorsque Olivier songe à quitter Fenella, il prévoit tout le chagrin que cet abandon va causer à sa pauvre petite maîtresse ; mais, dit-il :

« — Puisqu'il faut que l'un de nous deux souffre de la rupture, j'aime autant que... ce ne soit pas moi. »

« La pièce est fort bien jouée. M. Gerpré est très-amusant dans le rôle du jeune voyageur un peu crétin, à qui toutes les femmes répondent :

« — Vous, jamais ! »

« On n'est pas plus aimé et plus ennuyé que M. Febvre.

« Dans le rôle de Fenella, mademoiselle Philippe a obtenu un véritable succès de beauté, de charme et de bien dire.

« A Ems, comme partout, du reste, auteurs et directeurs adorent mademoiselle Philippe ; et si notre ami M. de Chilly était ici, il serait fier de sa pensionnaire.

« Aurélien Scholl vient de partir pour Francfort.

« Quant à moi, je compte rester encore un ou deux jours à Ems, d'où je partirai en bateau à vapeur sur le Rhin, jusqu'à Cologne.

« Puis, j'irai applaudir Bressant, Delaunay et madame Plessy à Bruxelles.

« Si cet itinéraire n'est pas changé, j'aurai l'honneur de vous adresser encore une petite lettre, datée de la capitale de la Belgique.

« Agréez, etc., etc.

« *P.-S.* Je rouvre ma lettre pour vous annoncer l'arrivée à Ems, de MM. Paul de Saint-Victor... et Gustave Claudin.   V. K. »

> Mais, que la joie est trompeuse et légère !
> Que le bonheur est chose passagère !

comme a dit M. de Voltaire.

Au moment où je m'apprêtais à quitter M. Briguiboul, le trente-et-quarante, le Kursaal, Ems et ses hautes montagnes, etc., etc., pour courir en Belgique, dont je ne connais pas le plus petit coin, je reçus du logis maternel une dépêche, encore tout imprégnée de larmes, dans laquelle ma mère me disait que M. le Procureur Impérial de Paris me *priait* de me constituer prisonnier dans les vingt-quatre heures !

Hélas! oui ; j'avais été condamné, en mai, à un mois de prison.

Pour vous raconter « *Mie Prigoni,* » il me faut, à mon grand regret, reparler d'une affaire déplorable, dans laquelle mon bon droit fit presque excuser mes voies de fait.

La durée de ma peine vous a déjà prouvé que :

Je n'égorgeais pas les petits enfants, comme Papavoine ;

Que je n'empoisonnais pas mes amis, comme Castaing ;

Que je n'assassinais pas les cuisinières, comme Dumollard.

Mais, comme je veux en faire connaître tous les motifs à ceux qui peuvent les ignorer, je vous demanderai la permission de remonter, de plusieurs mois, la publication des *Coulisses Parisiennes*, et de reproduire les quelques lignes que mon excellent ami, Aurélien Scholl, fit à ce sujet, dans le *Figaro* du 29 mars 1863.

En laissant la parole à un tiers, — dont la franchise égale l'esprit, — j'espère qu'on ne m'accusera pas de partialité.

Voici cet article :

« Les querelles sont dans l'air. On n'entend plus parler que de batailles.

« Un soir de cette semaine, M. Brindeau, entrant

au café de la Porte-Saint-Martin, échangea quelques mots désagréables avec un tout jeune homme, presque un enfant, M. Victor Koning.

« Tout à coup M. Brindeau, dont on connaît l'apparence herculéenne, saisit le jeune homme et le roula par terre.

« Qu'avait-il donc fait? Quel crime avait-il commis?

« Victor Koning avait appelé M. Brindeau : « *l'énorme Brindeau.* » — Et cela, dans un journal où le jeune écrivain fait ses premières armes.

« Il faudrait cependant s'entendre une bonne fois. Il n'y a ni petit journal, ni grand journal; il y a une question de droit.

« Je suis certainement d'avis que la critique conserve, vis-à-vis des artistes dramatiques, toutes les formes qui sont dues au talent des uns, à l'honorabilité des autres.

« Mais il est à désirer, d'autre part, que les artistes dramatiques n'aient pas l'épiderme si sensible.

« Le côté plastique du théâtre appartient certainement à la critique.

« Un journaliste a le droit de dire qu'une actrice est laide et qu'un comédien est maigre, puisque la laideur et l'embonpoint peuvent nuire à l'ensemble d'une pièce en choquant la vraisemblance.

« M. Brindeau a dû regretter un moment d'emportement qui aura peut-être de graves conséquences, car M. Koning a pris sa revanche.

« Outré d'apprendre que M. Brindeau refusait de lui accorder une réparation par les armes, le jeune homme est entré dans un restaurant et a frappé M. Brindeau à coups de canne.

« Tous deux, l'un énorme, l'autre exigu, ont roulé sous la table et de là chez le commissaire de police.

« De pareilles scènes sont déplorables à tous les points de vue.

« Je ne puis trouver qu'une excuse à M. Brindeau; c'est qu'il ait cherché des émotions pour se faire maigrir. »

Un mois et demi après cette scène, l'acteur en question me fit comparaître devant la sixième chambre du tribunal correctionnel.

La justice n'avait pas à admettre mes raisons.

J'avais été insulté, je devais lui demander une réparation et non me la donner moi-même.

Mon adversaire, — plus vieux et plus rusé, — trouva que la police correctionnelle était le terrain le plus sûr pour la lutte, et il vint lui, géant de cinquante ans, demander vengeance et protection contre un jeune homme de vingt ans.

J'avoue sincèrement, qu'au premier abord, le pro-

cédé de ce comédien me parut surtout comique ;
mais j'avoue sincèrement aussi, que j'ai reconnu
depuis : combien j'ai eu tort et combien les lois
françaises sont trop pleines d'équité et de sévérité,
pour qu'on doive jamais songer à se servir d'un bou-
clier plus précieux, d'une arme dont la précision soit
plus éclatante.

Un homme, jeune et rempli d'esprit, une célébrité
de l'avenir, Mᵉ Carraby, consentit à me servir de
défenseur dans cette affaire, et je suis heureux de
pouvoir l'en remercier publiquement du fond du cœur.
Il prit ma cause, et la soutint avec un talent qui fit
l'admiration de ses collègues et du nombreux auditoire
qui l'écoutait ; mais, ainsi qu'il me l'avait assuré le
matin même, je devais être condamné.

— Allons, ma petite brebis, me disait-il en nous
rendant au Palais, c'est à l'abattoir que je vous
conduis.

Un homme de génie, le roi de la Cour d'assises,
Mᵉ Lachaud, était l'avocat de mon adversaire ; il
plaida l'affaire au point de vue criminel ; il irrita les
juges contre moi par tous les moyens possibles ; il
trouva le moyen de pleurer sur mon passé, sur mon
présent et sur mon futur ; je crois même qu'il m'annonça comme un de nos jolis petits assassins de
l'avenir !

Enfin, il plaida avec tant de chaleur et de conviction,
que, pendant quelques minutes, électrisé par sa plai-

doirie, je me surpris non-seulement à l'admirer, mais encore à abonder dans son sens et à oublier complétement que c'était de moi dont il s'agissait.

Un des deux témoins que j'avais envoyés à l'acteur en question, pour lui demander la réparation par les armes, — qu'il me refusa, — M. Paul de Cassagnac, dit aussi quelques mots en ma faveur ; mais tout fut inutile.

Après que le tribunal eut prononcé ma peine, je ne pus m'empêcher de crier aux amis qui m'entouraient :

— C'est égal, je crois qu'il ferait bien mon mois de prison pour être maigre comme Bache !

On me conseilla d'aller en appel : je refusai.

A aucun prix je ne voulais retourner devant des juges et occuper encore les journaux de ma personnalité.

La réclame, cette chère réclame ! que j'avais tant désirée, je la fuyais ; elle me faisait peur.

J'étais froid devant la magnifique horloge de Charlemagne, qui orne l'un des angles du Palais-de-Justice.

J'avais beau me souvenir que Jules Moinaux était l'un des sténographes de la *Gazette des Tribunaux*, elle me répugnait quand même.

Me rappelant la bonté de l'Empereur pour les

hommes de lettres, on me conseilla alors d'adresser un recours en grâce, et j'y consentis.

MM. d'Ennery et Victor Séjour remirent ma lettre à M. Mocquard, chef du cabinet, qui la remit lui-même à Sa Majesté.

Mais, ainsi que cela se fait toujours en pareil cas, elle fut renvoyée à M. Delangle, ministre de la Justice, qui aimait fort peu à revenir sur les arrêts du tribunal.....

Mon défenseur et ami, Mᵉ Carraby, et Mᵉ Lachaud lui-même, firent toutes les démarches nécessaires dans les bureaux, pour obtenir la remise de ma peine.

Sur ces entrefaites, je partis en Allemagne.

Dans mes deux lettres adressées à M. Henri de Pène, je vous ai raconté succinctement ce voyage de quinze jours et mon retour précipité d'Ems.

Voici tout ce qui s'était passé pendant mon absence :

Sur la proposition du ministre de la Justice, ma peine n'avait été commuée que de dix jours, et il me restait vingt jours de prison à faire.

Voilà un recours en grâce que M. Delangle me fera regretter toute ma vie !

Le soir où j'arrivai à Paris, j'appris qu'un agent de police était venu me demander chez ma mère dans la journée.

J'eus soin de ne pas coucher au logis maternel; mais les agents de la préfecture, furieux de ne pas pouvoir m'arrêter, puisque j'étais de retour, eurent recours au commissaire de police et firent une descente chez ma mère à quatre heures du matin.

L'oiseau avait changé de nid.

Quelques heures après cet événement, je reçus une lettre de ma mère, que la visite matinale du commissaire avait rendue malade, et qui me suppliait de me constituer prisonnier.

Cette persistance de la police à mon égard m'exaspéra, et j'écrivis à l'instant cette lettre :

« Samedi, 1ᵉʳ août 1863.

« A M. Claude, *chef du service de sûreté.*

« Monsieur,

« Vous n'êtes pas sans connaître les motifs qui causent mon arrestation.

« C'est pourquoi, ayant quelques affaires d'intérêt à terminer, je viens vous prier de surseoir, pendant trois jours, à vos poursuites judiciaires.

« Je vous donne ma parole que, mardi prochain, à midi, je serai dans votre cabinet.

« Agréez, avec tous mes remercîments anticipés, l'assurance des sentiments les plus distingués de, etc., etc. »

Je donnai cette missive à un commissionnaire du

boulevard, qui la porta à la Préfecture, et, le soir, j'assistai à la première représentation de *la Sorcière*, au théâtre de l'Ambigu.

Aussitôt que M. Claude eut reçu ma lettre, il fit « reposer ses employés, » et le mardi suivant, à midi, j'étais dans son cabinet.

M. Claude étant absent « pour affaires, » je fus reçu par M. Lerouge, son sous-chef, de la façon la plus aimable et la plus gracieuse.

— Vous serez mieux ici qu'au Dépôt, me dit-il en m'installant, vis-à-vis de lui, dans un excellent fauteuil de son cabinet.

Pendant deux heures nous causâmes, comme si nous étions au café, de mon affaire, naturellement ; puis des auteurs, des directeurs, des acteurs, des actrices, etc., etc., enfin de notre monde, qu'il connaissait aussi bien que MM. Gabriel, Guillemot ou Jules Claretie, les spirituels échotiers de l'indiscret *Figaro*.

Pendant que nous causions, on fit entrer une pauvre femme, misérablement vêtue.

Son fils, un honnête garçon de quinze ans, disait-elle, avait disparu, depuis quatre jours, pour suivre deux camarades, deux mauvais sujets, qui ne pouvaient que le perdre, et elle venait supplier pour qu'on le fît chercher avant qu'il eût commis quelque malheur.

En parlant ainsi, la pauvre femme versait des torrents de larmes et poussait des cris effroyables.

M. Lerouge lui demanda le nom et le signalement de son fils, puis il la fit sortir en lui promettant de lui ramener bientôt son enfant dans ses bras.

Quand nous fûmes seuls, M. Lerouge feuilleta quelques papiers posés sur son bureau, puis il me dit :

— Pauvre femme, son fils a été arrêté hier soir à huit heures, avec ses deux camarades, pendant qu'ils dévalisaient une petite mercière de Montmartre. Le voilà enfermé au moins jusqu'à vingt et un ans !

Nullement habitué à ce genre de spectacle, cette scène m'avait causé une profonde émotion.

— Ah ! me dit M. Lerouge en voyant ma pâleur, si vous étiez ici tous les jours, vous en verriez bien d'autres ! Je regrette, ajouta-t-il, que M. Claude ne rentre pas ; car voici l'heure de nous quitter, et, comme vous n'avez pas conduit votre affaire jusqu'en Cour d'appel, mes pouvoirs ne me permettent pas de vous envoyer à Sainte-Pélagie.

— Alors, vous allez me renvoyer ?

— Pas du tout, me répondit-il en souriant, je suis forcé de vous faire écrouer au Dépôt jusqu'à demain.

— Eh bien ! qu'est-ce que cela fait ?

— Cela fait..... cela fait, parbleu ! que vous allez être très-mal.

— Bah ! lui répondis-je gaiement, en venant subir mon châtiment, — un châtiment qui pourrait arriver au saint le plus honnête, si les saints les plus honnêtes avaient jamais des moments de colère et d'indignation,

— je me suis bien persuadé que j'allais faire un petit voyage de désagrément dans un monde complétement inconnu : je suis plutôt un touriste qu'un prisonnier. Plus les événements seront nombreux, plus j'aurai à voir, à observer et à apprendre.

Après m'avoir serré la main et s'être mis entièrement à ma disposition, M. Lerouge me pria de suivre un agent chargé de m'écrouer au Dépôt, qui communique avec la Préfecture.

J'avoue que je ne connais rien de plus horrible que cette entrée du Dépôt, et j'aime trop mes jolies lectrices, — même sans les connaître, — pour les faire frissonner d'horreur et de dégoût en les initiant aux mystères de cette prison, qui est la première étape de toutes les autres.

Tout ce que je puis vous dire, c'est que l'agent qui m'avait accompagné, m'ayant recommandé particulièrement au brigadier, de la part de M. Claude, je fus installé dans une petite cellule, sale et dégoûtante, d'où j'entendais les cris, les pleurs et les chansons des voleurs, des assassins ou des filles publiques qui étaient installés dans deux grandes salles situées au-dessous de moi.

Aussitôt que je fus arrivé, mon gardien me demanda si j'avais faim, si je me contentais de la soupe de « l'hôtel » ou si je préférais quelque plat du marchand de vin voisin.

La vue de la soupe qu'il m'offrit me causa un tel dégoût, que je refusai le tout.

Pendant deux heures, je me promenai de long en large. Au bout de ce temps, il me vint à l'idée de me faire apporter un peu de nourriture.

— Cela fera passer un peu le temps, me disais-je.

Et je commençai par faire un vacarme du diâble, en frappant contre ma grosse porte à coups de pieds et à coups de poing.

Tout à coup, j'entendis au-dessus de ma tête, et par un petit guichet s'ouvrant au dehors, la voix de mon gardien qui me criait :

— Voulez-vous vous taire, ou je vous fais flanquer au cachot !

— J'ai faim !

— Tant pis, il fallait me le dire il y a deux heures, maintenant, toute « la maison » est fermée.

Je tombai anéanti sur ma chaise en me disant, moitié gaiement, moitié tristement :

— Elle est mauvaise !

Car le refus que je venais d'éprouver m'avait singulièrement aiguillonné l'appétit, et je me figurais que j'allais mourir de faim.

Quelques minutes après, mon gardien entra et me donna un drap et une couverture pour faire le complément de mon triste lit de sangle et d'un matelas maigre comme Mme Z... du Gymnase.

— Je vous demande pardon, me dit-il, de vous

avoir parlé si brutalement tout à l'heure ; mais je croyais avoir affaire à un de ces enragés comme il en vient tant ici. J'ai demandé des renseignements sur vous au brigadier, il m'a dit que j'avais eu tort..... Si vous avez besoin de quelque chose, je couche là, contre votre porte, vous n'avez qu'à frapper doucement.

Je le remerciai et il sortit.

Quand il eut refermé la porte, j'étendis le drap pour me garantir du matelas, qui me paraissait suspect, je m'étendis dessus tout habillé et toute la nuit j'essayai de dormir.

Le lendemain, à cinq heures, le gardien » fit faire ma chambre » par un prisonnier et me pria de lui remettre 20 centimes.

C'est le prix d'une nuit dans une cellule de la Préfecture ; comme vous le voyez, si le logement n'est pas somptueux, en revanche il n'est pas cher.

A dix heures, je demandai de quoi écrire, et je fis porter un petit mot à l'adresse de M. Claude ou de M. Lerouge, en les priant de me recevoir, que j'avais à parler à l'un ou à l'autre.

Une ficelle pour passer le temps.

Ces Messieurs n'étaient pas encore dans leur cabinet.

A midi, mon gardien me dit de sortir, qu'un agent m'attendait au greffe.

Voici un petit trait de mœurs des habitants du Dépôt, que je veux citer en passant :

En descendant, seul, l'escalier noir et gras de la prison, je rencontrai trois détenus, trois gamins, à qui l'on faisait porter des sacs pleins, mais dont j'ignore le contenu.

Je tenais à la main un restant de londrès.

Ils me prièrent tous les trois de le leur donner, en me disant qu'ils n'avaient pas eu le bonheur de fumer depuis longtemps : le partage me semblait difficile.

A mon entrée, on m'avait pris trois louis que j'avais sur moi, et l'on ne m'avait laissé qu'une trentaine de sous.

Je mis la main dans mon gousset et leur donnai quatre sous à chacun ; mais, au moment où je comptais la dernière pièce de monnaie, je reçus de l'un d'eux un coup terrible sur la tête, qui me fit voir trente-six chandelles, pendant qu'un autre m'arrachait mon cigare de la bouche.

Puis ils continuèrent tranquillement de monter l'escalier, en riant et en me montrant mon cigare et les sous que je leur avais distribués.

Je ne voulus rien dire au brigadier, dans la crainte qu'on leur infligeât une punition trop forte, et je me contentai de les plaindre en suivant l'agent qui me conduisait chez M. Claude, à qui je racontai cette histoire, et nous eûmes le cœur d'en rire tous les deux.

M. Claude m'apprit ensuite que j'allais être transféré à Sainte-Pélagie, et qu'il allait envoyer tout de suite quelqu'un à M. Lefebure, pour me recommander particulièrement.

Cinq minutes après, j'étais de retour.

A quatre heures de l'après-midi, on me fit descendre dans la cour et monter, avec d'autres prisonniers, dans une voiture cellulaire escortée d'un garde à cheval.

Le Char de la mort, comme l'appelle Victor Hugo, ou le *Panier à salade*, comme disent en argot les voleurs, conduisit d'abord des détenus à Mazas, puis nous nous dirigeâmes vers Sainte-Pélagie.

La durée de ce trajet fut le temps qui me parut le plus dur, je comptais aller à Sainte-Pélagie en fiacre ordinaire, et en me voyant dans cette voiture où chaque prisonnier est dans une espèce de petit cabanon qui l'oblige à se tenir en deux et où toute communication est complétement impossible; en pensant qu'aux yeux du cocher, des deux soldats et même des autres détenus, je pouvais passer pour un gibier de cour d'assises, je devins furieux contre l'administration supérieure, qui ne se donne pas la peine d'établir une différence entre un voleur et un honnête homme qui en soufflète un autre dans un juste moment de colère, et je sentis deux grosses larmes couler de mes yeux.

En arrivant à Sainte-Pélagie, on nous fit passer

« par la porte des artistes » au milieu d'une haie de soldats, et là, je m'aperçus que j'avais trois compagnons dont l'un portait une vieille redingote noire ; les deux autres étaient en blouse.

— Lequel de vous est le petit journaliste ? cria le brigadier, dont la figure était à moitié cachée par une énorme moustache blanche.

Je jetai un dernier regard sur les pauvres habits de mes compagnons, et je n'hésitai plus à répondre que c'était moi.

— Le directeur vous attend, me dit-il en prenant un air aimable, suivez-moi.

M. Lefebure, le directeur de Sainte-Pélagie, me reçut de la façon la plus bienveillante et la plus gracieuse.

— Vous ne serez pas ici comme aux Tuileries, ni même comme chez vous, me dit-il en souriant ; mais M. Claude vous a recommandé, et nous allons tâcher, M. Mechin et moi, — M. Mechin c'était le brigadier — de vous être le plus agréable possible, afin que vous ne disiez pas de mal de nous en sortant d'ici.

M. Lefebure tint parole, et pendant mon séjour à Sainte-Pélagie, j'obtins tout ce que je désirais.

Logé dans le pavillon de l'Est, réservé aux détenus politiques et aux journalistes, j'avais pour voisins : Blanqui, le fameux Blanqui, qui avait encore trois ans de prison à faire, après y avoir été déjà enfermé pendant vingt-sept ans !

— Vous savez, lui dis-je un jour en riant, qu'au bout de trente ans de service on a la retraite et la croix.

Mais ce pauvre Blanqui ne riait pas souvent.

Depuis deux ans qu'il était à Sainte-Pélagie, il n'était même jamais descendu dans la cour.

Mon autre et dernier voisin était Jules Miot, l'ancien représentant du peuple.

C'est pendant mon séjour à Sainte-Pélagie, que nous eûmes des trente, trente-cinq et quarante degrés de chaleur. Vous me direz que c'était le bon moment pour être à l'ombre ; mais la chaleur qui règne en prison est plus terrible que celle qui vient du ciel, et le soleil se change en étouffoir.

La nuit, je lisais ou j'écrivais ; le jour, je dormais ou je jouais avec M. Miot, qui m'apprenait les échecs.

Pendant mes huit derniers jours, le manque de grand air et d'exercice me coupa l'appétit et me fit tomber malade.

J'avais visité l'infirmerie, et je refusai d'y entrer, non qu'elle ne fût pas convenable, mais parce que l'idée d'être soigné dans un hôpital m'a toujours paru une chose épouvantable et qui suffirait à me faire mourir.

La nuit, on enfermait un prisonnier avec moi pour me soigner, et le jour, cet excellent M. Miot ne quittait pas mon chevet.

Enfin, le 24 août, je fis mes adieux à M. Lefebure, au brigadier Mechin, à M. Paty, le pharmacien, et à M. Miot, qui avaient été si bons pour moi et que je ne saurais trop remercier.

A midi, je montai en voiture en m'écriant intérieurement : Libre ! libre ! sur le même ton que devaient crier : terre ! terre ! les compagnons de Christophe Colomb.

XIII

XIII

Le Petit Journal. — M. Millaud. — Le *Figaro-Pragramme.* — *Mes petits secrets.* — Polichinelle. — Renseignements sur Pierrot, Cassandre, Arlequin et Colombine. — *M. et Madame Fernel.* — L'ange du pot-au-feu. — Correspondance de Polichinelle et de Mme de Renneville. — Mort du carnaval. — Comme quoi il est utile de voir trente-six chandelles. — Une pensée de Balzac. — La littérature de 1830 et celle d'aujourd'hui. — *Le Roi s'amuse* et *Peau d'Ane.* — Mlle Fargueil. — Lucrèce Borgia. — Mlle Georges. — Comment Calino chasse sa bonne. — *Les Fils de Charles-Quint.* — M. Victor Séjour. — Le séducteur François Ier. — Le maréchal d'Artagnan. — Les dramaturges historiens. — MM. Henri Martin, Thiers et Guizot, vaudevillistes. — Du danger de soigner les fous. — M. Louis Bouilhet. — Marc-Aurèle en bonnet de coton. — *Faustine* et *Madame Denis.* — Sardanapale et Commerson — Couplet au public.

Si j'avais continué à enregistrer, pour *les Coulisses Parisiennes,* tous les faits qui se sont passés depuis le 24 août, jour de ma sortie de Sainte-Pélagie, il m'eût fallu écrire autant de lignes qu'il s'en trouve dans les 150,000 exemplaires du *Petit Journal*, que notre ami Millaud distribue tous les soirs en Europe.

Mais, pendant plusieurs mois, je me suis contenté de voir, sans raconter;

Et je me plaisais fort dans l'amour de ce *farniente*, dans l'adoration de cette paresseuse fantaisie.

La fantaisie, dont Hippolyte Philibert, un poëte de talent, a dit dans ses *Iambes d'aujourd'hui* :

C'est beaucoup de folie ou bien un peu d'esprit.

Mais, n'ayant pas cent mille livres de rente, ni même vingt-cinq, il a fallu faire cesser cette oisiveté, et, depuis le mois de janvier, j'ai commencé dans le *Figaro-Programme*, le journal de mes deux bons amis Jules Prével et Émile Cardon, sous le pseudonyme de Polichinelle, une série d'articles intitulés : *Mes petits Secrets*.

Maintenant que j'ai jeté le masque de Polichinelle, permettez-moi de détacher les premiers feuillets de *Mes petits Secrets*, et de vous les offrir comme un dernier et respectueux hommage.

Voici, d'abord, comment Polichinelle devint journaliste.

C'est lui qui parle :

— J'étais tristement accroché à la devanture d'Alphonse Giroux, regardant, — en attendant quelqu'un qui voulût bien m'acheter, — les fringants équipages qui se dirigeaient joyeusement vers le lac glacé du bois de Boulogne.

Mes anciens amis, pensais-je, sont peut-être mêlés à cette foule élégante, et moi, comme l'esclave au marché, j'attends un maître, un maître âgé de dix ans, de huit, de cinq même, qui va, tout de suite, me couper la gorge pour connaître la cause de mon enrouement éternel.

Pour en revenir à mes anciens amis, vous les connaissez tous.

Ce sont : Pierrot, — Cassandre, — Arlequin, — Colombine.

Ils m'ont tous quitté pour essayer de faire fortune : la première et la plus sotte des prétentions humaines.

Cassandre est aujourd'hui un financier bien gras et bien rusé.

Les actions de sa compagnie : le *Macadam en chambre*, font prime à la Bourse.

N. B. — Cassandre entretient deux figurantes : la première est aux Variétés, la seconde au Palais-Royal.

Arlequin est devenu, par sa grâce et sa beauté, le premier danseur de Paris et de la Chine.

C'est Marie Vernon au masculin.

Pierrot est un cocodès de la première volée. Quoique paresseux, gourmand, paillard et menteur, il a su, par sa malice et par son talent à lever le pied, se faire une véritable réputation parmi nos plus belles biches parisiennes.

Il porte des gilets à un seul bouton, et la raie de ses cheveux est si longue, si longue, qu'elle lui descend dans le dos.

Quant à Colombine, après avoir été tour à tour la maîtresse de Pierrot et d'Arlequin, elle a trouvé la recette pour se faire adorer d'un vieillard immensément riche.

Elle miroite, c'est le mot, à toutes les premières représentations.

Enfin, son chic est exquis pour se coiffer à la chien, et ses diamants sont aussi beaux et aussi nombreux que ceux de mesdames Duverger, Schneider ou Thérésa.

Mais je m'arrête...

Un commis vient de me décrocher pour me remettre entre les mains d'un monsieur qui m'a payé cinq louis.

Chemin faisant, et tout en me tenant sous son bras, mon nouveau maître, dont la physionomie est pleine de douceur et de bonté, m'apprit qu'il était directeur du *Figaro-Programme*, et qu'il ne m'avait pas acheté pour me faire crever les deux bosses par un criminel de trois ans, mais bien pour me faire une position dans le monde.

Jugez de ma joie !...

Trois mois après ma sortie des magasins de Giroux, je me promenais sur le boulevard, vêtu avec l'élégance de M. de Pène.

Je déjeune chez Peters et je dîne chez Brebant.

Je tutoirai bientôt toute la famille littéraire et vau-
devillistique.

J'appelle déjà Lespès : — Léo.

Siraudin : — Sirau.

Et Delcour : — Alfred.

L'hiver prochain, si j'ai été bien sage, c'est-à-dire
bien bavard, j'aurai un petit coupé comme Scholl.

Et tout cela pour que je sois journaliste, échotier,
coulissier !

En un mot, pour que, deux fois par semaine, je vous
raconte *Mes petits secrets*, ainsi nommés, parce qu'ils
sont tout simplement ceux des autres.

J'ai accepté.

MES PETITS SECRETS

Après *les Diables noirs*, le Vaudeville joue *M. et
M*^me *Fernel.*

C'est le bouilli du ménage après un potage à la
bisque de chez Bignon.

La transition est brusque, et le couple Fernel a
paru bien calme, bien tranquille, après les amours
pleines de folie et d'hystérie des héros de M. Victorien Sardou.

Si raisonnable, si honnête, si bourgeois que soit un
public, il ne verra jamais sans une émotion mêlée de
curiosité et de... répugnance :

Un amant qui vole les diamants de sa maîtresse;

Une maîtresse qui fait cuire son amant.

Le drame de *M. et Mme Fernel* avait été reçu au Gymnase, où je doute qu'il eût produit plus d'effet ; mais, à coup sûr, il eût été mieux interprété.

MM. Louis Ulbach et Crisafulli avaient retiré leur pièce du Gymnase, où elle devait être représentée l'été prochain, parce que l'occasion s'offrait pour eux d'être joués tout de suite au Vaudeville.

J'ai déjà dit plus haut que la pièce eût été mieux jouée au Gymnase.

A l'exception de Parade, qui est excellent, de mademoiselle Cellier, qui est sympathique au possible, et de madame Pélagie-Colbrun, qui fait plus rire avec un rôle d'une page que les autres artistes avec des rôles de trois ou quatre cents lignes, l'interprétation est plus que faible.

Conclusion : *Les Troyens* de M. de Beaufort ne valent guère mieux que ceux de M. Berlioz.

Mademoiselle Jane Essler, qui joue le rôle principal, me rappelle cette belle princesse des contes bleus, que la fée Richesse, sa marraine, avait si bien douée à sa naissance.

Chaque fois que la princesse parlait, il s'échappait de ses petites lèvres vermeilles autant de bijoux, de rubis et de diamants que de paroles.

Je crois même que c'est depuis la naissance de cette princesse qu'est née l'expression : « Parler d'or ».

Pour en revenir à mademoiselle Essler, elle pèse

chaque phrase, chaque mot, comme si cette phrase ou ce mot était une perle précieuse.

Elle paraissait étonnée que les jolies femmes qui garnissaient les avant-scènes et les baignoires, ne s'empressassent pas de ramasser chacune de ses paroles, pour les faire monter en pendants d'oreilles, en colliers ou en bracelets.

Mademoiselle Essler joue cette bonne madame Fernel, — l'ange du pot-au-feu, — en femme qui plane sur le monde et qui est inspirée par Dieu.

On dirait qu'elle prêche dans le désert.

Hâtons-nous d'ajouter qu'elle était dans le vrai... sans s'en douter.

A madame la vicomtesse de Renneville.

« Chère madame,

« Le soir de la première représentation de *M. et Mme Fernel*, vous m'avez prié de savoir l'adresse du magasin d'où sortent les élégantes toilettes portées par mademoiselle Francine Cellier, dans le rôle de madame de Soligny.

« Pour combler l'extrême désir que j'ai de vous plaire, au moins autant que Dollingen, je me suis précipité aux renseignements.

« Les toilettes en question ne sortent ni des *Ma-*

gasins du Louvre, ni de ceux de la *Compagnie Lyon-naise*, mais bien de ceux de la *Ville de Paris*.

« Agréez, Madame, l'assurance des sentiments les plus distingués de votre tout dévoué.

« POLICHINELLE, »

Nous sommes au Mercredi des Cendres.

Le carnaval est mort !

Il y a quelques heures à peine que, sous le nom de Mardi-Gras,

Il lampait son dernier verre de champagne ;

Il chantait le dernier couplet de sa joyeuse chanson ;

Il rendait son dernier baiser et son dernier soupir dans un quadrille infernal.

Adieu, ou plutôt au revoir ! pierrettes et marquises. Au revoir ! jolis masques bleues et roses qui ne m'ont pas empêché de voir vos dents blanches et nacrées, vos lèvres fraîches et vermeilles, et vos yeux qui lançaient mille flammes incendiaires.

Le Carnaval est mort ! oui, mais splendides ont été ses funérailles.

Sardanapale mourait sur son bûcher, entouré des plus belles courtisanes de son empire.

Les unes effeuillaient des roses pour qu'il ne sentît pas l'odeur du feu ; les autres jouaient de la harpe et chantaient pour étouffer les derniers sons de cette agonie souveraine.

Le Carnaval, lui, est mort pour ressusciter plus magnifique l'année prochaine.

Toute la jeunesse parisienne lui a fermé les yeux.

Et son sarcophage est le bal de l'Opéra.

Une des conséquences *fatales* du Carnaval — je dis fatales, car je ne connais rien de plus laid et de plus inepte — c'est la promenade du Bœuf gras.

Tout le monde sait que les « jolis seigneurs » qui font partie du cortége sont de simples garçons bouchers.

Y a pas de mal à ça,

comme dit la chanson de Colinette ; mais pourquoi diable leurs costumes sont-ils si gras et si fanés, qu'ils ont l'air de s'être roulés, en compagnie de leurs bœufs, dans des étables qui rendraient des points aux écuries d'Augias ?

L'un des bœufs gras s'appelait *Aladin*. Or, lundi-gras, au moment où défilait la cavalcade, j'entendis un titi qui s'écriait :

— Eh ben ! vrai, si c'est Colbrun qui zont voulu faire, y n'est pas réussi.

C'est le même titi qui, en voulant fendre la foule, cogna un vieux monsieur contre un arbre.

— Polisson ! s'écria le vieillard, il m'a fait voir trente-six chandelles.

— Eh bien ! continua le titi, ça fait que monseigneur n'aura pas besoin de pétrole pour voir clair.

Au beau milieu de sa carrière, Balzac disait :

— « Chamfort et Rivarol mettaient des livres dans un bon mot, tandis qu'aujourd'hui c'est à peine si on trouve un bon mot dans un livre. »

A l'époque où Balzac parlait ainsi, Alfred de Musset, Victor Hugo, Théophile Gautier, George Sand et Alexandre Dumas resplendissaient de gloire.

Rolla, *Hernani*, les *Contes humoristiques*, *Indiana* et *Henri III* étaient dans toutes les mains.

Et toutes les mains applaudissaient avec orgueil ces jeunes et célèbres soutiens de la poésie et de l'esprit, en un mot, de la littérature française.

Que dirait l'auteur de la *Comédie humaine* s'il pouvait comparer ses illustres contemporains, qu'il jugeait alors d'une façon si sèche et si froide, aux illustrations nouvelles ?

Que dirait-il, hélas ! de cette littérature qui se flétrit et se courbe sous le mauvais goût de l'époque, comme la fleur née d'un bouton rongé par mille insectes se fane et tombe sans avoir connu le rayon de soleil et la goutte de rosée qui devaient la faire vivre, fraîche et brillante, — au moins un jour ?

Les poëtes qui s'obstinent et s'abrutissent à faire

de l'art sont tués par la faim, comme Hégésippe Moreau, s'ils n'ont pas le courage de s'étrangler, comme Gérard de Nerval.

Comme Musette, qui laissait toujours la clef sur la porte de son cœur, l'auteur de la *Vie de Bohême* pouvait laisser la clef sur la porte de son coffre-fort sans craindre les Henry Shaw.

Henri Murger est mort avec des dettes.

M. Clairville laissera vingt-cinq mille livres de rente à ses héritiers.

Je suis de ceux qui croient que, dans les livres ou à la scène, la politique doit céder le pas à la littérature.

C'est l'art qui doit gouverner le monde, car c'est de l'art que naissent les chefs-d'œuvre.

En parlant de la sorte, je vais me faire traiter de puritain ou de poëte sans ouvrage.

Il me semble déjà entendre un journaliste ou un vaudevilliste de mes amis qui, ne me reconnaissant pas sous mes deux bosses, s'écrie :

— Ce Polichinelle est un poëte qui fait des vers à dix francs le mille. Il est aigri, parce que les pratiques ne veulent plus de sa marchandise, et, au fond, ce qui l'attriste le plus, c'est de n'avoir pas fait : *Fallait pas qu'y aille !*

Je dois jurer que je n'ai jamais fait de vers.

Je ne connais que de nom la brasserie des Martyrs.

Toutes mes *Méditations poétiques* se composent de

quelques couplets de vaudevilles,—le plus souvent patoisés.

Lamartine peut dormir aussi calme et aussi tranquille que son lac.

Je suis donc complétement désintéressé dans la question, et puis déplorer tout à mon aise que *Peau d'Ane* et *Aladin* aient été joués cent cinquante fois.

Juste, cent quarante-neuf fois de plus que le *Roi s'amuse*.

Aujourd'hui, aussitôt qu'une œuvre sérieuse apparaît et vous enchante, il en arrive une autre le lendemain qui vous apporte ou le dégoût ou le mépris.

A peine le *Capitaine Fracasse* et *Montjoie* sont-ils nés, qu'ils sont étouffés par *la Fiancée du corps-de-garde* ou *En ballon!*

Maintenant que je crois avoir été assez maussade, permettez-moi de vous donner un conseil qui va bien vous étonner.

Pendant l'année 1863, les Folies-Dramatiques ont payé près de dix mille francs de plus à la Société des auteurs que le Second-Théâtre-Français.

Faites donc des pièces pour les Folies-Dramatiques, les Variétés, le Palais-Royal, et non pour l'Odéon.

Ces trois théâtres pourront vous donner quelques rentes et un peu d'estime ; l'Odéon — et encore si vous avez un succès — ne vous rapportera que la célébrité.

Or, comme l'a dit un grand philosophe :

— L'estime vaut mieux que la célébrité ; la considération vaut mieux que la renommée, et l'honneur vaut mieux que la gloire.

Le *Figaro* d'abord, et naturellement dix petits journaux après lui, ont annoncé que mademoiselle Fargueil allait jouer *Lucrèce Borgia* au théâtre de la Porte-Saint-Martin.

Malgré tout le respect qu'on doit aux femmes en général et à mademoiselle Fargueil en particulier, je serai très-brutal avec cette artiste, — car elle ne me fait pas peur, — et je lui dirai carrément, avec la rude franchise qui caractérise les rédacteurs du *Figaro-Programme* :

— Mademoiselle Fargueil, vous êtes la première comédienne de Paris.

Si mademoiselle Fargueil n'est pas contente, je suis à ses ordres.

— Oui, mademoiselle Fargueil est notre meilleure comédienne ; mais, — ah ! il y a un mais, — son talent, si merveilleux qu'il soit, ne serait pas à sa place dans cette splendide création de Georges.

Le talent de mademoiselle Fargueil est un talent de comédie.

C'est-à-dire que le dédain, la raillerie calme, mais tranchante, le sourire ironique, le regard plein de mépris, la haine implacable mais concentrée, sans gestes abracadabrants, sans éclats de voix terribles, sont les effets employés par mademoiselle Fargueil.

Pour jouer Lucrèce, le rôle de femme le plus superbe, le plus magistral qu'il y ait au théâtre, il ne manque à l'héroïne de *Dalila* et des *Intimes* que :

La voix de Dumaine ;

Les gestes de Mélingue ;

Et la *frêle* stature de madame Thierret ou de mademoiselle Boisgontier.

En un mot, je crois qu'il serait aussi difficile à mademoiselle Fargueil de jouer un rôle de mademoiselle Georges, qu'à mademoiselle Georges de jouer le rôle de Marco dans les *Filles de marbre*.

En écrivant les quelques lignes qui précèdent, je n'ai pas voulu donner un conseil à mademoiselle Fargueil, elle sait s'en passer.

J'ai simplement voulu démentir un bruit qui n'avait aucune base sérieuse, puisque mademoiselle Fargueil n'a jamais pensé à ce rôle, et la preuve, c'est qu'en lisant cette nouvelle, la malicieuse artiste s'est écriée :

— Tiens, quelle est donc cette actrice qui porte le même nom que moi ?

Calino avait fait tous les métiers, excepté celui d'assassin.

L'autre jour, il revenait de tuer force gibier, lorsque sa femme lui dit :

— Maintenant, chasse Augustine !...

Augustine est la bonne du ménage Calino.

— Mon ami, elle a profité de ton absence pour découcher.

Madame Calino eut à peine terminé sa phrase, que son mari tirait un grand coup de fusil et tuait roide Augustine.

Puis il s'écria avec joie :

— Crois-tu maintenant que je suis un de nos jolis chasseurs ?

Malgré la liberté de la boulangerie, l'Ambigu n'a pas encore pu obtenir un... *four.*

Pardon !

Après le succès de *l'Aïeule,* voilà les *Fils de Charles-Quint.*

Le nouveau drame de M. Victor Séjour a toutes les qualités nécessaires pour plaire au public et à la presse. La pièce est pleine de charme et d'intérêt, et, comme l'a dit M. Henri de Pène :

« Entre nos dramaturges en renom, M. Séjour est peut-être le seul qui se préoccupe encore des effets de style et qui recherche les procédés des grands modèles de l'art romantique. »

Aujourd'hui, lorsqu'on voit une pièce prétendue historique, on crie à la calomnie aussitôt que l'auteur s'écarte un peu de la vérité.

On crie au sacrilége, lorsque, pour adoucir l'aridité

de certains sujets, le dramaturge veut enjoliver l'histoire par la fable.

Que serait devenu Alexandre Dumas sans cette liberté qui lui permettait de travestir d'Artagnan, un simple capitaine des mousquetaires, en maréchal de France ?

Que serait devenu Victor Hugo lui-même, si, dans le *Roi s'amuse*, il n'avait pu faire de François Ier l'amant de la fille de son bouffon Triboulet ?

Il serait curieux que, pour les deux exemples que je viens de citer, on fût obligé de considérer le roi-chevalier comme un vil séducteur, ou d'exiger le portrait de d'Artagnan dans la salle des maréchaux, au palais des Tuileries !

Le jour où l'on condamnera MM. Séjour, Maquet ou Anicet Bourgeois à faire des cours d'histoire nette et précise, ce jour-là, je ne vois aucune raison pour que l'on n'exige pas des drames et des comédies de la part de MM. Henri Martin, Thiers ou Guizot.

Le théâtre n'est pas plus un cours d'histoire qu'un cours de physique ou de minéralogie.

Le théâtre est — c'est-à-dire devrait être — l'école du bon goût, de l'esprit et surtout du plaisir.

Un médecin soignait un de ses clients qui avait des accès de folie et qui demeurait au troisième étage.

Hier, — pas plus tard. — à peine le docteur était-il entré, que le fou l'enferma à double tour et lui tint ce langage :

— Je te parie quarante sous que je te jette par la croisée sans que tu fasses du bruit?

Le docteur comprit qu'il était perdu s'il employait la force contre son malade; il lui répondit :

— Je parie mieux que cela, moi; je parie cent francs contre tes quarante sous, que je descends en bas, — par l'escalier, bien entendu, — et que de la cour je saute dans cette chambre?

— C'est convenu, dit le fou avec une joie féroce.

Puis il ouvrit la porte...

Le docteur court encore.

On a reproché à MM. Dumas, Séjour, Maquet, etc., de dénaturer l'histoire et de l'enjoliver à leur façon.

Je suis curieux de voir si l'on adressera le même reproche à M. Louis Bouilhet, l'auteur de *Faustine*.

Certes, je ne suis pas comme Commerson, moi; je ne demande pas, pour cette pièce, des flots de vin de Chypre et des centaines de courtisanes sans autre costume que leurs chevelures brunes ou blondes.

Mais j'avoue qu'on a été fort surpris de voir Faustine travestie en bonne ménagère, et se donnant la mort parce qu'un amour adultère a pénétré dans son cœur.

Voyez-vous cette impératrice, qui allait choisir cha-

que jour un autre amant parmi les matelots les plus
robustes du port, donnant le bonnet de coton et le lait
de poule à son époux !

Faustine, qu'on appelait « la mère des soldats, » est
devenue, sous la plume de M. Bouilhet, une espèce de
Madame Denis romaine qui, sur ses vieux jours, devait rappeler leur nuit de noces à Marc-Aurèle en lui
chantant :

> La nuit, pour ne pas rougir,
> Je fis semblant de dormir ;
> Vous me pinciez doucement,
>   Souvenez-vous en,
>   Souvenez-vous en...
> Mais à présent, nuits et jours,
> C'est moi qui pince toujours

La pièce de M. Bouilhet n'en est pas moins une
œuvre de mérite, et si le succès n'a pas été unanime,
il a été très-grand.

COUPLET AU PUBLIC

Air : *Lettre d'un étudiant à une étudiante.*
(GUSTAVE NADAUD.)

Messieurs, j'ai fini ce volume,
Riche par le nom d'Albéric ;
J'ajoute, au courant de la plume,
Un dernier couplet au public.

Puissé-je, par cet artifice,
Obtenir de l'ami lecteur :
Qu'il excuse dans cette esquisse,
Toutes les fautes de l'auteur.

J'ai bien souvent, dans ces beaux mondes,
Pleins d'or, de fleurs, de diamants,
D'auteurs bruns et d'actrices blondes,
De chagrins, de rêves charmants.....

Divulgué les mille prouesses
De ce Paris, brillant séjour,
Où les succès et les maîtresses
Vous sont fidèles..... presqu'un jour.

Mais, critiquant à l'eau de rose,
Petits et grands, faibles ou forts ;
J'espère avoir, sans qu'on en glose,
Atteint le but de mes efforts.

Et, puisque j'aborde au rivage,
Plein d'espérance en mes vingt ans,
Saluez mon premier voyage.....
L'indulgence est de tous les temps !

FIN.

TABLE

Page

PPÉFACE 1

I

1862. — Opinion de Théophile Gautier sur la préface. — *Les Amours de théâtre*, d'Aurélien Scholl. — Les Actrices de Paris. — *Les Parisiens* à l'Odéon. — M. Montigny et Mlle Juliette Beau. — Une prédiction de Mlle Déjazet. — Le chemin de fer de la célébrité. — Un coupé-lit. — Virginie Déjazet et le clerc de notaire. — *Les Chants de Béranger.* — Les souvenirs du peuple. — *Le Beau Narcisse.* — Le comique Dupuis, MM. Dumanoir et d'Ennery. — *Valentine Darmentière.* — Mlle Duverger. — Alfred de Musset et Henry Murger. — Mimi Pinson et Musette. — *La Vie de Bohème.* — Tout par l'amour et pour l'amour. — Mimi et Jane Essler. — *La Fille du Paysan.* — M. Harmant. — M. d'Ennery. — M. Berton. — Le feuilleton de M. Paul de Saint-Victor et Mlle Lia Félix. — Le drame historique. — Qu'on nous ramène en l'an 1600! — Ruy-Blas et d'Artagnan. — *La Bouquetière des Innocents.* — Encore Mlle Jane Essler. — Mme Marie Laurent. — A propos de la claque. — Un joli mot de M. Nestor Roqueplan. 1

II

Le nouveau théâtre des Délassements-Comiques. — Le jeune
R... et Mlle Alice *** — Un Monsieur qui veut. — Une Dame
qui ne veut pas. — Du danger de laisser pénétrer un joli
garçon dans sa chambre à coucher. — |*Les deux Paires de
bretelles* de M. Édouard Brisebarre. — Une lettre de M. Brisebarre. — M. de Chilly et le nuage inquiétant. — Le départ du
boulevard du Temple. — Bobêche et sa sœur. — Mlle Dinah-
Félix à la Comédie-Française. — *Une Semaine à Londres.* —
Les actrices pour rire. — M. Dumas fils et les amis de son
père. — *Antony* à la Porte-Saint-Martin. — On ne résiste pas
à Dumaine. — Mort du duc Pasquier. — M. Commerson. —
George Sand et l'Académie. — Mort de Mme Home. — Si l'on
décorait Paul de Kock. — Vingt millions le Grand-Hôtel. —
Les Misérables à l'Ambigu-Comique.— Les amants de Mlle Mars.
— Cambronne. — M. Clairville. — La garde meurt et ne se
rend pas ! — Les déménagements du terme de juillet. —
M. Jules Lecomte. — M. Jules Janin. — M. de Villemessant.
— M. Arsène Houssaye. — Etc., etc. 29

III

Le duc Pasquier est mort ! vive le duc de Morny ! — Un mot
de M. Mocquard. — Le duc de Morny et *la Dame aux
Camellias.* — Une nouvelle photographie. — La ressemblance
par à peu près. — Alexandre Dumas et son bottier. — *La France.*
— M. Fiorentino et Mme Alboni. — Les mariages d'aujour-
d'hui. — Le photographe théâtral du dix-neuvième siècle. —
Mlle Philippe. — Mlle Lia-Félix. — M. Bocage. — *Danaé et sa
bonne.* — Pourquoi Mlle de Ribeaucourt aime mieux jouer avec
Mlle Chrétienne qu'avec Mlle Schneider. — Léo Lespès et le
Journal des abus. — *La Silhouette.* — Les trois Mousquetaires.

— Jules Noriac. — Aurélien Scholl. — Charles de Courcy. — Le banquier X... et Mlle M..., du Palais-Royal. — Un faisan de trois mille francs. — Arthur! — *Les Mystères du Temple.* — Une lettre de M. Théodore Barrière. — Une lettre de M. Victor Séjour. — L'origine des *Faux Bonshommes* et celle du *Fils de la Nuit.* — Un ballet à l'Ambigu-Comique. — Un tête-à-tête au café Anglais. — Une glace... dans une armoire. — Frédérick-Lemaître dans *les Saltimbanques.* — Souvenirs et regrets. — Un génie qui se trompe 53

IV

M. Victorien Sardou décoré par *les Ganaches.* — *La Malle de Lise,* aux Délassements-Comiques. — La chanson des amours. — Bocage est mort! — Buridan, garçon épicier. — Bocage refusé à Bobino. — *La Tour de Nesle* à Belleville. — MM. Gustave Bourdin, Jean Rousseau et le petit père Legendre. — Le *bagne* des théâtres. — La modestie des grands artistes. — Une matelote de M. d'Ennery. — Le théâtre des Arts-et-Métiers. — *Le Château de Pontalec.* — *La comtesse Mimi.* — La beauté de Mlles Blanche Pierson, Céline Montaland et Léonie Leblanc. — Brune et blonde. — Un ange de Breda-Square. — Qu'est-ce que M. Amat pourrait bien faire de la main de M. Alexandre Dumas? — Des yeux de cinq cents francs. — *Les Fous.* — M. Édouard Plouvier. — Le livre du bon Dieu. — Dédain de Mlle L... pour une demoiselle qui a des relations avec des acteurs et des journalistes. — Comment on aime au Vaudeville. — Une lettre de Mlle Déjazet. — *La Chatte merveilleuse.* — Les actrices qui pourraient jouer le rôle de la fée Minette. — Origine du mot *Pataquès.* 73

V

La maison César, Dupiton et Ce. — M. Émile Perrin. — M. Léon Achard dans *la Dame Blanche.* — Mlle Cico. — *Les Ivresses,* de

26.

MM. Théodore Barrière et Lambert Thiboust. — Mlle Fargueil
et M. Félix. — *La reine Crinoline !* — M. Hippolyte Cogniard.
— La veine de M. Théodore de Banville. — M. Léon Sari. —
Un mot... et je finis. — La correspondance de M. Victor
Hugo. — Une lettre de l'auteur des *Misérables* à Mlle Schnei-
der. — M. Varney. — Mme Ugalde, dans *Orphée aux Enfers.*
— Un bienfait n'est jamais perdu. — Le comité des artistes
dramatiques vote une soupière en vermeil à Mlle Léonie Le-
blanc. — M. Alfred de Vigny qui fait sa tête. — M. Amédée
de Jallais qui ne la fait pas. — Le lion du jour. — M. Sardou.
— Le sort en est jeté. — Le drame et Mlle Pauline Cico. —
Les fausses prêtresses de la gaudriole. — Mlle ***, des Variétés.
— Tous les amis du journaliste P... disent que c'est une
adorable maîtresse.   91

VI

Charles Monselet a toujours raison. — Retour de Mario à l'Opéra.
— Les 80,000 livres de rente du comte de Candia. — Un auteur
dramatique qui ferait des pièces pour se faire oublier. — Un
jeune auteur et une vieille rosse. — Mlle X... vend ses meubles.
— Dites donc : nos meubles. — La vogue de Mlle S..., des
Bouffes. — Mlles Marquet et Schlosser. — Mlle S..., du Palais-
Royal. — La reine du Jockey-Club. — *Le fils de Giboyer.* —
Mme Plessy imite M. Alexandre Michel. — Mlle Fargueil. —
Mlle Augustine Brohan. — *Les brebis de Panurge.* — M. La-
fontaine fait la cour à Mlle Victoria. — Pas de bienveillance.
— Balthazar du journal l'*Europe.* — Le style du *Siècle.* —
MM. Dormeuil et Ce, obligés de faire représenter MM. Meilhac
et Halévy au Champ-de-Mars. — Un mot d'actrice. — Ton
père est claqué. — Une femme de chambre à moitié embrassée
par Siraudin. — Opinion sur *Salammbô.* — M. Sainte-Beuve. —
L'Empereur au château de Ferrières. — M. Eugène Lami. —
Le *Kadish.* — Une prophétie du baron de Rothschild. — La

femme de chambre de Mlle T... et le *Diogène*. — La princesse de W..., folle de Siraudin. — Il refuse une montre. — Paul, je t'aime! 109

VII

1863. — L'esprit de Mlle Alice Théric. — Un mot de Beauvallet. — La manière de se faire donner un cheval noir. — Une mère qui joue au piquet avec votre cocher. — Darthenay. — M. Francisque Sarcey et le coup de pied de l'âne. — M. Albéric Second. — Mlle Léonie Leblanc et M. de Girardin. — *L'impuissance*. — Le *Figaro-Programme* et la suppression des *Diables noirs*. — MM. de la censure. — Mariage de M. Lafontaine et de Mlle Victoria. — Leur admission à la Comédie-Française. — Le bébé de Mlle F..., des Variétés. — Un enfant de cinq ans qui dit merci à tous les amis de sa mère. — Ce que c'est que les bonnes habitudes. — Le banquet Molière. — M. Eugène Moreau. — M. Latour Saint-Ybars et Mlle Rachel, au bagne de Toulon. — Mort d'Horace Vernet. — Un meuble de toilette qui a la forme d'un violon. — M. Léon Laya est content que M. Wolff soit condamné à mort. — Un directeur qui se contente de deux soufflets 131

VIII

M. Nérée Désarbres quitte l'Opéra. — C'est le ventre le plus gracieux que je connaisse. — M. Paul Dhormoys. — Les artistes qui font recette. — M. Samson et M. Mélingue. — *Don Pasquale*. — Mlle Patti et M. de Lamartine. — Le Chérubin du chant. — Les figurants des Italiens. — George Sand. — M. Sainte-Beuve. — Mon coco se déplume. — Une dame qui a des oranges sur sa cheminée. — Les potirons de Mme Thierret. — M. Paul Meurice. — Son style. — *François* les-bas-bleus. — M. Fiorentino et l'abus des annonces. — La suppression des travestis. — M. Léon Laya apprend le chinois pour lire l'espagnol. — M. Edouard Cadol. — *La Germaine*. —Comment le rédacteur en chef du *Figaro-Programme* venge les injures faites à M. Jules Noriac. — Mlle Pierson comédienne. — *Macbeth*. — Mlle Karoly. — Mlle X... et son chef d'orchestre. — L'héritage d'un oncle. — Le banquier et l'étudiant. — Ernest d'Hervilly. — Cinq ans après. 151

IX

Les espérances de l'année 1863. — La retraite de M. Samson. — M. Bressant. — Almaviva en perruque grise. — Une vieille ganache. — Un grand génie. — Frédérick-Lemaître. — Le drame de M. Sauvage seul. — Mon château au bord du lac de Côme. — M. Peragallo et l'aimable Mme Porcher. — Les témoins du mariage de M. Lafontaine et de Mlle Victoria. — Ra, ta, plan, plan, tra, tra, tra, tra. — Soldats, je suis content de vous. — *Marengo*. — Le général Hostein. — Un jeune journaliste et une actrice des Variétés. — *Le Mariage d'Olympe*. — Un chef-d'œuvre désagréable. — *La belle Gabrielle*. — La jolie Pagette. — *La Mule de Pédro*. — M. Victor Massé. — M. Faure. — Mme Gueymard-Lauters. — Le fond de Giboyer. — *Les Noces du diable*. — L'intérieur des Délassements-Comiques. — L'affaire Garcia-Calzado. — La belle Julia Barucci. — Un ténor malgré lui. — Les trois hommes rouges. — *Guillaume Tell* et la chanson du *Pied qui r'mue*. — M. Alphonse Royer. — M. Villaret. — M. Albéric Second à la *Nation*. — Un miroir à quoi ? 167

X

Horrible nouvelle. — M. Prudhomme et *Don Juan de Marana*. —Les soucis de M. Marc-Fournier. — Sa biographie directo-

riale. — Louis XIV. — Le duel.à la fantaisie. — M. Hostein.
— Une caisse de danseuses. — Ah! que Venise est belle! —
Mlle Périga. — Mlle Suzanne Lagier. — Crockett et *Crockbête.*
— Mlle Lucile Durand et *la belle Polonaise.* — M. Hyacinthe et
la queue de Mlle Théric. — La pension de MM. Frédérick-
Lemaître, Ferville et Victor Massé. — Le maëstro Offenbach.
— Un intrigant, âgé de huit jours, qui prend M. de Morny
pour parrain. — Le chagrin d'un veuf. — Cartouche et César
Borgia sont des séraphins auprès de moi. — Au viol! à
l'assassin! — *Bataille d'amour.* — Mlle Aguillon dans *Mlle de
Belle-Isle.* — Les métamorphoses de l'amour. — Un vers
d'Alfred de Musset. — Parler d'amour, dit-on, c'est faire
l'amour. — *Un Homme de rien.* — Richard Shéridan et Richard
d'Arlington. — Les frères Bichonnet et Arnal. — *Le Nain
Jaune.* — *Charles VII chez ses grands vassaux.* — M. d'Ennery
et son confrère Molière. 2 3

XI

Une histoire du maréchal de Castellane. — Les courses du bois
de Boulogne. — Dialogues entre Mlles Turlurette, Pichenette, etc., etc. — La voiture à roues d'argent de Mlle Tautin.
— Un comte qui tombe foudroyé en entendant annoncer les
frères Lyonnet. — *La Dame aux Camellias* aux Folies-Dramatiques. — Mlle Duverger et Marguerite. — L'unique jeune
premier de Paris. — M. Laferrière. — MM. Augier et Samson
marchands de toile. — *L'oiseau fait son nid.* — L'arrivée de
Mlle Gervais à Paris. — Mme Thierret qui ressemble à
Mlle Théric. — Une femme d'esprit. — Mlle Alice Ozy. —
Maman s'appelle Mlle K... des Variétés. — Voltaire, rédacteur
du *Nain Jaune.* — Louis XI. — Mlle Chose répète avec
M. Machin. — Où peut conduire l'amour. — *Les Pilules du
Diable.* — Une actrice qui n'a pas besoin de perruque pour
jouer *le Cheveu blanc.* — Darcier à table. — *Zampa.* —

M. Montaubry. — Mlle Zoé Bélia. — Papa n'a pas de chance.
— M. de Leuven est-il content ? — Le polichinelle du bon
Dieu 229

XII

Lettres à M. Henri de Pène. — La *Gazette des Étrangers*. — Un
guide charmant. — Le Roi des Belges et M. Pastelot. — Hé !
l'enflé ! — M. le duc de Gramont-Caderousse. — Jules Prével
et Emile Abraham. — *Quand on a ses nerfs*. — M. Charles
Narrey. — Mlle Philippe et l'éventail de Madeleine Brohan.
— *Lischen et Fritzchen*. — MM. Briguiboul, Paul Boisselot,
Jacques Offenbach et Mlle Zulma Bouffar. — Nassau. —
Coblentz. — Le pont de bateaux du Rhin. — Les filets de
Brébant. — *Les chaînes de fleurs*. — David et Goliath. — Une
lettre de M. le Procureur Impérial. — Devant la police cor-
rectionnelle. — Me Lachaud. — Me Carraby. — M. Paul de
Cassagnac. — Un mois de prison. — Le Dépôt de la Pré-
fecture. — M. Claude. — M. Lerouge. — Le moyen d'obtenir
un londrès. — La voiture cellulaire. — Ce que Victor Hugo
appelait : *le Char de la mort*. — Vingt jours à Sainte-Pélagie.
— M. Lefébure. — M. Paty. — Le brigadier Mechin. —
M. Jules Miot. — M. Blanqui. — La chaleur de l'ombre à
Sainte-Pélagie. — Le vingt-quatre août. 251

XIII

Le Petit Journal. — M. Millaud. — Le *Figaro-Programme*. —
Mes petits secrets. — Polichinelle. — Renseignements sur
Pierrot, Cassandre, Arlequin et Colombine. — *M. et Madame
Fernel*. — L'ange du pot-au-feu. — Correspondance de Poli-
chinelle et de Mme de Renneville. — Mort du carnaval. —
Comme quoi il est utile de voir trente-six chandelles. — Une

pensée de Balzac. — La littérature de 1830 et celle d'aujourd'hui. — *Le Roi s'amuse* et *Peau d'Ane*. — Mlle Fargueil. — Lucrèce Borgia. — Mlle Georges. — Comment Calino chasse sa bonne. — *Les Fils de Charles-Quint*. — M. Victor Séjour. — Le séducteur François Ier. — Le maréchal d'Artagnan. — Les dramaturges historiens. — MM. Henri Martin, Thiers et Guizot, vaudevillistes. — Du danger de soigner les fous. — M. Louis Bouilhet. — Marc-Aurèle en bonnet de coton. — *Faustine* et *Madame Denis*. — Sardanapale et Commerson. — Couplet au public. 281

FIN DE LA TABLE.

Paris. — Imp. de L. TINTERLIN et Ce, rue Nve-des-Bons-Enfants, 3.

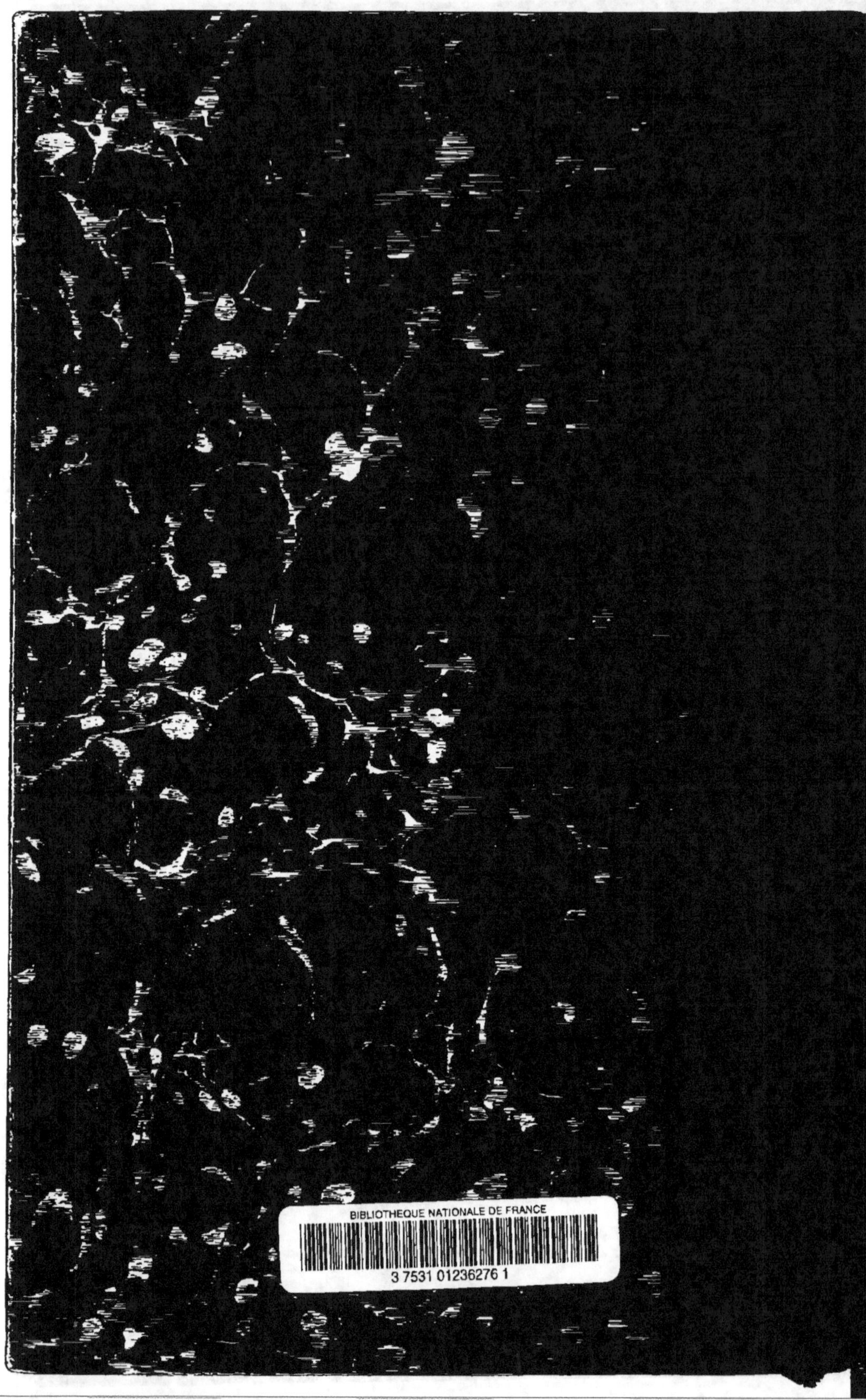